ARMIN ROHDE
Größenwahn und Lampenfieber

Die Wahrheit über Schauspieler

Rowohlt Taschenbuch Verlag

Bildnachweis

S. 45 – picture alliance/kpa
S. 140 – Werner Grewing
S. 160 – NDR/Gita Mundry
S. 183 – Deutsches Filminstitut – DIF e. V., Frankfurt
S. 188 – Elke Grevel
S. 203 – Klaus Lefebvre
alle anderen Fotos – privat

Originalausgabe
Veröffentlicht im Rowohlt Taschenbuch Verlag,
Reinbek bei Hamburg, November 2009
Copyright © 2009 by Rowohlt Verlag GmbH,
Reinbek bei Hamburg
Lektorat Regina Carstensen und Angela Troni
Satz Documenta PostScript, InDesign,
bei KCS GmbH, Buchholz bei Hamburg
Druck und Bindung CPI – Clausen & Bosse, Leck
Printed in Germany
ISBN 978 3 499 62501 5

Mein ganzes
Leben
ist Vorbereitung
auf die nächste Rolle.

EINLEITUNG

Ein Dachdecker deckt Dächer, ein Automechaniker repariert Autos, ein Auftragskiller bringt Leute um, ein Seiltänzer macht Gleichgewichtsübungen und versucht, nicht runterzufallen. Aber was macht eigentlich ein Schauspieler? Außer natürlich Rotwein trinken, Freudenhäuser besuchen, lange schlafen und sich auf roten Teppichen feiern zu lassen?

In über dreißig Jahren Bühnen-, Film- und Unterrichtsarbeit habe ich eine Menge ausprobiert, und vieles davon hat tatsächlich funktioniert – nein, ich meine jetzt nicht den Rotwein, die Teppiche und die Freudenhäuser.

Was genau mache ich da eigentlich, wenn ich geschminkt und verkleidet Sätze spreche, die ich mir nicht selbst ausgedacht habe, wenn ich in eine andere Stadt fliege, um dort so zu tun, als sei ich ein schwuler Metzger oder ein geiler Teufel, ein korrupter Kommissar, ein melancholischer Schönheitschirurg oder ein Proll und Emporkömmling mit großer Fresse? Und warum versucht ein erwachsener Mann andauernd, jemand anders zu sein? Hatte er eine komplizierte Kindheit, die ihm die Psyche verrenkt hat? Wurde ihm vielleicht immer verheimlicht, wer seine wahren Eltern sind? Kann er sich so, wie er wirklich ist, nicht wirklich gut leiden, oder hat er einfach keine Ahnung, wer er ist, und versucht es auf die Art herauszufinden? Warum braucht er dabei Zuschauer? Hält er sich für so unglaublich interessant? Hat er Probleme mit der Realität? Ist er schizophren?

Als Poet auf dem Brecht-Abend *Lust auf'n kleinen Wind*

Begleiten Sie mich auf eine kleine Reise ins Land der spielerischen Menschenerfindung, beim Stöbern in Lebens- und Arbeitssituationen, bei einem Besuch auf der Kirmes der Möglichkeiten, um herauszufinden, was den Schauspielerberuf derart ungewöhnlich macht, dass ich nach dreißig Jahren immer noch verliebt bin in diese faszinierende Art zu arbeiten. Mit jedem Film, mit jeder Rolle lerne ich nach wie vor dazu. Klar, ein Teil des Weges ist geschafft, zu den «jungen Wilden» kann man mich ohne Verrenkungen nicht mehr zählen, aber für mein eigenes Empfinden habe ich gerade erst angefangen, die Wundertüte mit dem neonglänzenden Namen «Schauspielkunst» aufzumachen. Es bleibt spannend auf dieser Reise, während der sich die Landschaft und das Klima ständig verändern. Das, was ich bislang geschafft habe, war im Grunde nur die Vorbereitung für die nächste Aufgabe und die übernächste und dann die danach.

In Deutschland ist es verpönt, wenn man von sich als Schauspieler sagt: «Ich bin gut, ich weiß, dass ich was kann.» Genehmigt und sympathisch gefunden wird eher, wenn der Schauspieler wie ein Zehnjähriger mit ungläubigem Blick verblüfft fragt: «Ganz ehrlich? Sie finden mich tatsächlich gut? Ihnen gefällt, was ich da mache?» Und wenn der Schauspieler es schafft, dabei noch ein ganz klein wenig rot zu werden – prima, umso besser.

Stellen Sie sich das Gleiche bitte bei dem Chirurgen vor, der Ihnen den Blinddarm entfernt hat, oder bei dem Mann, der gerade Ihren Fernseher repariert hat. Wobei: Es gibt da einen kleinen, aber sehr, sehr wesentlichen Unterschied: Der Chirurg und der Fernsehmechaniker sind beide nicht darauf angewiesen, von Ihnen gemocht zu werden, wenn sie gute Arbeit leisten, der Schauspieler dagegen lebt davon, dass Sie ihn mögen. Warum wird den amerikanischen Kollegen

Selbstbewusstsein leichter verziehen? Weil ihre Filme das Zigfache von unseren kosten und sie das Hundertfache verdienen? Weil man sie fast auf der ganzen Welt kennt?

Symptomatisch ist die von manchen Journalisten immer wieder mal gern gestellte Frage: «Womit erklären Sie sich eigentlich Ihren Erfolg?»

Meine Antwort: «Ganz ehrlich? Ich habe mich hochgeschlafen! Sagen Sie's bitte nicht weiter, und es bleibt unser süßes, kleines Geheimnis.»

Eigene Kenntnisse weiterzugeben, bringt enorm viel Spaß. Das stellte ich fest, als ich selbst Schauspielschüler unterrichtete – wobei alles völlig ohne Plan und Vorsatz ablief. Schon in der Zeit meiner eigenen Ausbildung an der Folkwang-Hochschule hatte es mich gejuckt, mein frisch erworbenes Wissen an andere weiterzugeben. So machte ich mich Anfang der Neunziger erneut auf den Weg zur Folkwang-Schule, um herauszufinden, ob sich da nicht ein paar interessierte Schüler finden ließen. Ich wohnte in Bochum, wo ich seit 1986 am Schauspielhaus fest engagiert war.

Ich selbst hatte an dieser Schauspielschule im idyllischen Essen-Werden vier großartige Jahre mit hervorragenden Lehrern verbracht – warum also nicht? Das Wetter war schön, und der Weg war nicht weit.

Als ich gleich einen Tag später damit startete, glich die Aktion eher einem Partisanenangriff. In der Schule angekommen, setzte ich mich an einen der Tische vor der Cafeteria, wo sich Musiker, Tänzer und darstellende Studenten treffen, und lauerte den Schauspielschülern auf. Schauspielschüler erkenne ich hundert Meter gegen den Wind, und so sprach ich sie zielsicher an: «Okay, wer von euch hat Lust und Zeit zu arbeiten? Wo ist ein Raum frei? Jeder darf zuschauen, es gibt keine Geheimniskrämerei.»

Mein Engagement blieb den dortigen Lehrern nicht verborgen. Sie hatten nichts dagegen, dass ich aus meiner Praxis erzählte, Übungen mit den Auszubildenden machte und Rollenunterricht gab, nur sollte ich dazu einen Dozentenvertrag unterschreiben und mich für eine bestimmte Anzahl von Stunden verpflichten, und so wurde mein Unterricht auf einmal offiziell. Lieber wäre ich ein Arbeitspartisane geblieben, aber zwischenzeitlich bekam ich das auch immer wieder hin. Wär ja gelacht!

Warum ich Schauspielschüler hundert Meter gegen den Wind erkenne? Weil ich selbst mal einer war, mit all den Selbstzweifeln und der Sehnsucht, der verworrenen Selbstverliebtheit, den großen Erwartungen, der ständigen Selbstbeobachtung, dem Größenwahn und Gefühl von Einzigartigkeit, der Unsicherheit, ob die Begabung und die Kraft reichen werden für ein Leben mit diesem Beruf – das sehe ich auch bei anderen in den Bewegungen und im Gesicht.

In den letzten Jahren hatte ich jedoch so viele Rollen zu spielen, dass ich es nicht mehr schaffte, weiter zu unterrichten. Da es für mich aber eine der wichtigsten und beglückendsten Berufserfahrungen war, werde ich auf jeden Fall eines Tages damit fortfahren, irgendwann, wenn ich weniger Filme drehe und insgesamt etwas ruhiger geworden bin.

Es ist extrem faszinierend, zu sehen, wenn ein Anfänger vor dir steht, der sich (meistens viel zu laut!) die Seele aus dem Leib spielt, und du weißt genau, was er zu viel oder zu wenig macht, womit er sich selbst im Weg steht, wo die Genauigkeit im Denken noch fehlt. Dann arbeitet man ein paar Stunden miteinander, und siehe da, auf einmal steht da kein Schauspieler mehr oder jemand, der versucht, einer zu sein, sondern einfach ein Mensch, der von bestimmten Gedanken und Gefühlen angetrieben wird, ein Mensch, dem das

Leben widerfährt, und dieser Augenblick, in dem das zum ersten Mal und dann immer wieder passiert, macht mich selig. Wenn da ein Mensch steht, der seinen Text so sagt, wie ihn ein solcher Mensch in einer solchen Situation möglicherweise sagen würde. Und: Mannomann, ich konnte dazu beitragen, weil die Wege dahin, die ich für mich als tragfähig und begehbar getestet habe, auch für andere funktionieren.

Letztlich geht es immer wieder darum, die Sehnsucht, die Kraft, die Angst und den Mut, den Hass und die Liebe, die Verwundbarkeit und Verrücktheit zu durchleuchten und produktiv zuzulassen.

Kapitel 1

ALLER LEIDENSCHAFT ANFANG – FRAUEN BEEINDRUCKEN

Mutter, Vater – und Uwe (l.), Erwin, Armin (r.)

Kasperle, Tarzan oder Mario Adorf?

«Armin, sicher hast du in jungen Jahren von deinen Eltern oder Großeltern ein Kasperletheater geschenkt bekommen.»

«Yup, ja klar. Von meinen Eltern. Für mich und meine Geschwister.»

«Okay, alles klar! Das war der Auslöser! Danach wolltest du unbedingt Schauspieler werden!»

«Nee, überhaupt nicht...»

«Muss dir nicht peinlich sein. Du hast die phantastisch bunten Handpuppen gesehen und sofort gesagt: ‹Das will ich auch. Ich will, ich muss auf die Bühne! Ich will, wenn ich groß und erwachsen bin, vor die Kamera und jede Menge Polizisten und Krokodile verdreschen.›»

«Nee. Ich wollte noch nicht mal die Prinzessin küssen.»

Als wir das Kasperletheater bekamen, war ich sechs, sieben Jahre alt. Später – wer hätte das vermutet – änderte sich mein Verhältnis zu Frauen. Aber mal ehrlich: Warum wird jemand, bei dem ein Kasperletheater derartige Wünsche entfacht, nicht Puppenspieler? Oder Marionettenspieler? Warum will derjenige gleich zum Theater oder Film? In einem Film würde mir jetzt jemand zurufen: «Hey, Spätzünder, lass doch jeden erzählen, was er will.» Recht hätte er damit. Was mische ich mich hier ein? Es ist schwer genug, im eigenen Leben herauszufinden, warum man den Beruf des Schauspielers gewählt hat – und nicht mehr von ihm lassen kann. Kasperle und Co. kann ich jedenfalls bei dieser Entscheidung mit aller Klarheit ausschließen. Lieber als mit hohlen Puppen hab ich eh mit meinen Geschwistern gespielt.

Uwe und Erwin sind meine beiden jüngeren Brüder, von Uwe trennen mich dreieinhalb Jahre, Erwin kam eineinhalb Jahre nach mir auf die Welt. Der Altersvorsprung hatte den Vorteil, dass die beiden meine Anführerrolle meistens nicht in Frage stellten. Andererseits war der Abstand nicht so groß, dass sie mit meinen Spielvorschlägen nichts anfangen konnten. Meine sieben Jahre jüngere Schwester Manuela war derweil in ihrer Puppenmuttermädchenwelt unterwegs.

Große, geheimnisvolle Helden schoben sich damals bald ins Blickfeld: Tarzan, Winnetou und Herkules. Wenn das knappe Haushaltsgeld unserer sechsköpfigen Familie es zuließ, durften wir drei Jungs am Sonntag in ein Kino in der Nähe gehen, das am frühen Nachmittag Vorstellungen für Kinder zeigte. War diese beendet, hing am Ausgang schon ein Plakat mit dem Film für den nächsten Sonntag. Bei Ankündigungen von Märchen wie *Aschenputtel* oder *Dornröschen* sparten wir uns meist die eine Mark für den Kinobesuch am folgenden Wochenende. Obwohl – auch nicht immer, weil in den Märchenfilmen die Prinzessinnen schon eine gewisse Anziehungskraft hatten, nicht viel mehr allerdings als die Märchenwälder. Ich weiß bis heute, wie in diesen Wäldern das Licht durch die Blätter fiel und zwischen den Stämmen auf Moosmatten und Felsen spielte.

Im Jahr 2005 drehte ich in Tschechien den Märchenfilm *Der Räuber Hotzenplotz* in den Wäldern bei Prag, und ich war begeistert, als der Regisseur und Kameramann Gernot Roll eine Lichtszene entwickelte, durch die ich mich auf einmal wieder wie in meine Kindheit zurückgezaubert fühlte. Staunend stand ich da in meinem Hotzenplotz-Kostüm.

Die Indianer- und Abenteuergeschichten überwogen in Kindertagen jedoch, und Stan Laurel und Oliver Hardy ließ man sich natürlich auch nicht entgehen. Deren Mischung aus

Anarchie und Komik in höchster Präzision steht hinter Charlie Chaplin nicht zurück. Trotzdem: Lex Barker und Pierre Brice waren für mich und meine Brüder zu der Zeit unschlagbar.

Traten wir aus dem dunklen Kino ins helle Tageslicht, ging es sofort los: Jeder erzählte die Szenen, die er in Erinnerung behalten hatte, noch völlig im Bann der Geschehnisse auf der Leinwand. Ein Ritt durch die Wüste ohne irgendwelche Vorkommnisse war schnell vergessen. Aber wenn es zur Sache ging, wenn die Bösen und Guten gegeneinander kämpften, zählte jede Einzelheit. Angriffs- und Verteidigungstechniken wurden endlos besprochen und auf ihre Nachspielbarkeit überprüft, und immer wieder standen wir ratlos wie der Ochse vorm Berg, weil wir von Stunts und Tricktechnik noch nie was gehört hatten. Unser Ziel war ja, diese glorreichen Siege, zu Hause angekommen, augenblicklich nachzuspielen.

War es gerade Winter, tobten Erwin, Uwe und ich durch die Etagenbetten – mehr war bei der vierundsiebzig Quadratmeter großen Mietwohnung nicht drin. Im Sommer verlegten wir unsere inszenierten Großtaten nach draußen. Sämtliche Bäume schienen nur darauf zu warten, dass wir auf sie kletterten, keiner war zu hoch oder zu brüchig, um nach Angreifern Ausschau zu halten, Jane zu retten oder am besten gleich die ganze Welt. Überall in der Nachbarschaft wimmelte es von Indianern, Gladiatoren und ausgesetzten Söhnen britischer Lords. Und natürlich wollten wir alle Winnetou sein, der Häuptling der Mescalero-Apachen mit seiner «Silberbüchse», der gemeinsam mit Old Shatterhand für Gerechtigkeit und Brüderlichkeit kämpfte.

Aber auch das kein Grund, um ein paar Jahre später Schauspieler zu werden, genauso wenig wie die Tränen, die ich im dunklen Kino weinte, als Marie Versini in der Rolle der

Nscho-tschi in den Armen ihres Bruders Winnetou ihr junges Leben in Schönheit aushauchte. Etwa zu der Zeit war der jüngere Bruder meines Vaters, mein Lieblingsonkel Erwin, achtundzwanzigjährig gestorben. Für mich als Zehnjährigen unfassbar, und so bewegte ich mich durch ein Labyrinth aus Traurigkeit. Oft stieg ich in die Spitze meines Birnbaums, der das Haus überragte, um über Leben und Tod in Ruhe nachzudenken, aber auch darüber, ob ich wohl jemals lange schwarze Haare und ein Fransenkostüm aus hellem Hirschleder tragen würde, und um Nscho-tschi, Onkel Erwin und Winnetou ungestört ein paar Jungentränen auf ihre Reise in die ewigen Jagdgründe nachzuschicken.

Hinter unserem Zwölffamilienhaus waren eine Menge Buschwerk und eine riesige Wiese, perfekt geeignet für Überraschungsangriffe und Lagerfeuer. Mehrfach verloren wir die Kontrolle über diese Lagerfeuer, was einige Male zum Wiesenbrand mit anschließendem Anrücken der Feuerwehr führte. Da verging uns schnell sämtlicher Heldenmut, jeder hoffte bibbernd, nicht als Brandstifter ins Zuchthaus geschleppt zu werden.

Ich war etwa zwölf, als man mich wegen eines dieser Wiesenbrände zu einer Zeugenaussage ins Polizeipräsidium in Wuppertal-Barmen bestellte. Zwei Wochen hatte ich Zeit, mir meine Aussage zurechtzulegen. Ich hatte mehr als nur Lampenfieber vor dem Termin, zu dem mich meine Mutter begleitete. Bei meiner Aussage konnte ich mich dann – so wie ich es einstudiert hatte – bedauerlicherweise an nichts Genaues mehr erinnern und daher auch niemanden belasten, mich selbst schon gleich gar nicht. Nach wochenlangen Angstträumen kam schließlich der bläuliche Brief aus dem Präsidium: Das Verfahren war wegen Geringfügigkeit eingestellt worden, und meine Welt bekam neue strahlende Farben, denn ich stand nicht mehr als Verbrecher unter Verdacht und durfte statt im Zuchthaus weiter zu Hause bei meiner Familie leben. Zur neuen Freiheit gehörten auch wieder Indianerspiele mit Lagerfeuer.

Dass hinter Winnetou ein Franzose namens Pierre Brice steckte und hinter Old Shatterhand ein Amerikaner namens Lex Barker, wusste ich zwar aus der *Bravo*, konnte mir aber absolut nicht vorstellen, dass die beiden im Privatleben nicht auf Pferden ritten oder unbewaffnet in fransenlosen Anzügen ihr Haus verließen. Ich verehrte sie, sammelte eifrig die Einzelteile ihres «Starschnitts» in der *Bravo* und war verzweifelt, wenn Old Shatterhands linker Ellbogen einfach nicht aufzutreiben war. Ich wollte sein wie die beiden, mal mehr der eine, mal mehr der andere, aber waren sie deshalb Vorbilder für mich?

Wohl eher unerreichbare Wunschbilder. In Interviews werde ich manchmal gefragt, ob und welche Vorbilder ich hätte, und habe dabei festgestellt: Ich hab keine, jedenfalls nicht in dem Sinne, dass ich versuche, irgendeinem bestimmten Schauspieler nachzueifern. Trotzdem gibt es sehr wohl eine Reihe von Kollegen, deren Können ich bewundere und an deren Arbeit ich mich orientiere. Wenn ich jemanden gut finde, interessiert es mich natürlich, wie er arbeitet.

Der erste Schauspieler, bei dem ich begriff, dass er ein Schauspieler ist, war Mario Adorf. Er war der Schurke Santer in den Karl-May-Verfilmungen der sechziger Jahre. Ich war seinerzeit ein strammer Heldenverehrer, und deshalb hasste ich ihn natürlich in der Schurkenrolle. Dann sah ich ihn Jahre später in seinem wohl allerersten Filmauftritt: in der Kasernenhofsatire *08/15*, die den deutschen Untertanengeist thematisierte. Adorf spielte in diesem großen Kassenerfolg der fünfziger Jahre den Gefreiten Wagner. Nur eine kleine Rolle, aber die wenigen Sätze, die er sagte, und wie er dabei den Barackenboden wischte, schufen einen Menschen, der genau so echt und glaubwürdig war wie sein Santer, nur dass der Typ hier viel sympathischer war.

Jemand, der zwei so unterschiedliche Menschen so glaubhaft verkörpert, kann ja nur ein Schauspieler sein, dachte ich mir damals. Und was für ein großer, das weiß ich heute. Immer wieder habe ich mich darin geübt, von ihm abzukupfern, und unter Schauspielern gilt es als das größte Kompliment, wenn man versucht, von der Art eines Kollegen zu klauen. Frei nach Bertolt Brecht, der meinte, in Fragen geistigen Eigentums sei grundsätzlich großzügig zu verfahren – allerdings wusste er da noch nichts von seinen Erben. Die asiatischen Tigerstaaten verdanken diesem Motto einen Großteil ihres Erfolges, wobei sie von der Nachahmung zur Originalität gereift sind. Nachahmung gilt ihnen aber immer noch als Zeichen von Respekt und Würdigung.

Ein weiteres dieser Orientierungserlebnisse hatte ich viele Jahre später bei gemeinsamen Dreharbeiten zu einem Schimanski-*Tatort* mit Götz George. In einem zugigen und kalten Parkhaus blieb er nach zwölfstündigem Dreh noch nachts um vier am Drehort, aber nicht etwa, um selbst vor der Kamera zu stehen. Er stellte sich daneben, um für einen Kollegen anzuspielen. Anspielen heißt, eine Szene mit einem Partner zu haben, ohne selbst im Bild zu sein; es geht hierbei allein um Einstellungen, die den Kollegen betreffen.

Niemand hätte es Götz George übelgenommen, wenn er sich um diese Uhrzeit ins Hotel verabschiedet hätte. Davon abgesehen sind trainierte Schauspieler jederzeit in der Lage, den Rahmen einer Kamera (Fachausdruck: Kompendium) auch ohne lebendiges Gegenüber anzuspielen und sich den Rollenpartner dabei vorzustellen. Manchmal ist mir das sogar lieber als jemand, der nur mit halbem Einsatz spielt oder sogar Faxen dabei macht. Doch George wusste, dass der Blick seines Szenenpartners intensiver und authentischer wäre, wenn er selbst neben der Kamera stand und mit vollem Einsatz zurückspielte.

Das war für mich ein Schlüsselerlebnis. Über die Jahre habe ich immer wieder feststellen können, dass die Schauspieler, die ich für herausragend halte, meist auch die mit der größten Sorgfalt und Kollegialität beim Drehen sind. Um jetzt Missverständnissen vorzubeugen: Ich habe absolut nichts gegen Spaß bei der Arbeit und bin selbst ein berüchtigter Faxenmacher. Das ist meine Art, mich zu lockern und gleichzeitig in die notwendige Konzentration zu gelangen. Außerdem können Späße nachts um halb vier nach zwölf Stunden Drehen noch mal zusätzliche Energien im Team freisetzen. Der Trick besteht darin, zu spüren, wann es besser ist, damit aufzuhören, und zwar dann, wenn die Konzentration anderer dadurch beeinträchtigt wird, und allerspätestens, wenn die Klappe geschlagen ist und die Kamera läuft.

Wenn es heißt: «Ruhe bitte, wir drehen», setzt eine Stille ein, die wirkt, als hätte man gerade den Lauf der Welt angehalten. Und in diese gleißende, fordernde Stille hinein erfolgt die erste Bewegung, das erste Wort, wird eine erfundene Situation zum Blühen gebracht, und die Welt dreht sich weiter.

Bei amerikanischen Produktionen gilt es als selbstverständlich, dass sich auch die allergrößten Stars für die allerkleinste Rolle zum Anspielen neben die Kamera stellen. Manche deutsche Schauspieler halten das für unter ihrer Würde. Oft die gleichen, die es auch unter ihrer Würde finden, Rollen zu übernehmen, die keine Hauptrollen sind. Hierzu sagte einst ein großer Mann: «Wer sich für kleine Aufgaben zu groß fühlt, ist meist für große Aufgaben zu klein.»

Als ich 2005 in der US-Produktion *A Sound of Thunder* mitwirkte, konnte ich das bei Ben Kingsley beobachten. Selbst in kleinsten Szenen mit eher unwichtigen Rollen blieb er ganz nah an der Kamera, um für den Solopart des anderen zur Verfügung zu stehen. Ich hatte 1995 schon mit Robert Mitchum gedreht, und zwar in dem Film *Waiting for Sunset*, sechs Jahre später mit Harvey Keitel unter der Regie von István Szabó in *Taking Sides – Der Fall Furtwängler*. In keinem der Filme war mein Part so umfangreich, dass der Erfolg oder Misserfolg des Films von mir abhängig gewesen wäre, aber ich hatte ausreichend Arbeitszeit, um feststellen zu können, dass amerikanische Schauspieler am Filmset nicht viel anders als deutsche Schauspieler arbeiten. Zu sehen, dass bei den amerikanischen und englischen Kollegen auch nur «mit Wasser gekocht wird», war für mich tröstlich und beruhigend.

Meine Liste von Orientierungen ist damit aber noch lange nicht beendet. Sie reicht von Gert Fröbe, Heinrich George und Robert De Niro über Jack Nicholson, Edward Norton, John Travolta und Charles Laughton bis hin zu Robert Duvall und Johnny Depp. Die Liste ließe sich schier endlos fortsetzen. Unter den amerikanischen Schauspielern, die wir in Deutschland kennen, fällt mir auf Anhieb kein Einziger ein, der nicht wirklich erstklassig in seinem Beruf ist. Die B- und C-Liga kennen wir hier kaum. Die extrem harten Vorgaben der amerikanischen Filmindustrie lassen schwächeren und nicht ganz so professionellen Schauspielern weniger Chancen als hierzulande, größere Rollen und Popularität zu bekommen.

Hierzulande sind auch einige eher mittelmäßige Schauspieler gut im Geschäft und einem großen Publikum bekannt, während man viele wirklich gute Schauspieler kaum oder gar nicht kennt, zum Teil deswegen, weil sie hauptsächlich Theater spielen. So feiert auch Durchschnittlichkeit Triumphe. Karl Kraus sagte dazu sinngemäß, wenn die Sonne der Kultur niedrig steht, werfen auch Zwerge lange Schatten. In einem anderen Buch könnte man an dieser Stelle über die Personalkämpfe in den politischen Parteien philosophieren.

Im Auftrag des Herrn unterwegs

Die Jungenabenteuer von Uwe, Erwin und mir blieben nicht nur bei Winnetou und den anderen Helden. Da ich durch den Einfluss der katholischen Grundschule, die ich besuchte, davon überzeugt war, ein Kind Gottes und im Auftrag des Herrn unterwegs zu sein, inszenierten wir aus gegebenem Anlass auch ein Spiel, das wir «Pfarrer und Ministranten» nannten. Dafür hängten wir uns farbige Handtücher als Messgewänder um, bewegten uns mit vor der Brust gefalteten Händen sehr langsam durch die Wohnung und schauten sehr ernst und sehr wichtig, ein – wie wir fanden – äußerst gelungener Versuch, das Geheimnisvolle und Pompöse eines Gottesdienstes nachzustellen. Ein Bauer aus früheren Zeiten, so malten wir uns aus, der Tag für Tag nur in grauen Klamotten über den Acker stiefelte, dann aber sonntags in der Kirche erlebte, wie farbiges Licht durch die Fenster fiel und Orgelmusik gleichsam als himmlische Heerscharen um seine Ohren brauste, der musste einfach an Gott glauben. Und wir fühlten uns diesem Bauern, der vielleicht einer unserer Vorfahren war, ganz nah. Wir empfanden uns als hochtalentiert und berufen für höhere Aufgaben im Auftrag des Herrn.

Zurzeit sind sehr viele hochbegabte junge Schauspieler unterwegs wie Oktay Özdemir, David Kross, Anna-Maria Mühe, Paula Kalenberg, Alina Levshin, Hanna Herzsprung, Anna Fischer, Katharina Derr, Karoline Teska, Alice Dwyer, Jacob Matschenz, Ludwig Trepte, Leonie Benesch, Sergej Moya und und und... Diese Aufzählung ist bei weitem nicht vollständig und kann es auch nicht sein, und ausgerechnet die Namen der vielleicht allergrößten Talente könnten dann trotzdem noch fehlen, weil ich zufällig und blöderweise noch keinen ihrer Filme erwischt habe.

Sie haben alle eine entspannte Selbstverständlichkeit und Direktheit, die mich verblüfft, weil ich weiß, wie lang und schwer der Weg ist für einen Schauspieler, um einfach nur wie ein Mensch mit einer Geschichte zu wirken und nicht wie jemand, der einem was vormacht. Woher haben die jungen Schauspieler diese direkte Kraft, wie haben sie den langen, schweren Weg für sich so verkürzen können, dass sie in ihren frühen Jahren schon etwas können, wofür ich einiges länger gebraucht habe? Sind sie so auf die Welt gekommen? Oder ist es eine neue Art der Herangehensweise, die neue Schule einer neuen Generation? Auf jeden Fall bin ich bei den vielen Riesenbegabungen, die da gerade Anlauf nehmen, freudig gespannt, zu sehen, wer von ihnen es damit in Zukunft zur Meisterschaft bringt.

Mit zehn Jahren wurde ich tatsächlich Messdiener, allerdings nicht, weil meine Eltern große Kirchgänger waren oder weil mich die Lehrer in der katholischen Grundschule dazu drängten. Hauptsächlich wollte ich Gaby Sperlich und Annerose Schneider beeindrucken, in beide war ich seit der ersten Klasse verliebt. Nachdem die beiden Mädchen einmal miteinander getuschelt hatten und ich überzeugt davon war, sie hätten sich geküsst, stand ich für sie in hellen Flammen. Wie Engel kamen sie mir vor. Das muss mit meiner Liebe zu Gott zu tun haben, sagte ich mir. Und wenn Gott und die Liebe das Gleiche sind, wie immer gesagt wird, dann lag ich mit meiner Entscheidung, Ministrant zu werden, bestimmt nicht falsch.

Die Tätigkeit als Messdiener bot einen unschätzbaren strategischen Vorteil, um meinem großen Ziel näher zu kommen. Denn wer von den Ministranten etwa während der Mai-Messe in Wuppertal-Ronsdorf, einer Großveranstaltung, vergleichbar mit den MTV-Awards oder Golden Globes, entweder das Weihrauchfass schwenken oder das Glöckchen bimmeln durfte, prachtvollst gekleidet in einen roten Talar als Untergewand, darüber ein weißes Chorhemd mit ausladendem Spitzenkragen, hatte damit eine der beiden Hauptrollen erobert, die ein Zehnjähriger bei diesem zutiefst beeindruckendem Zeremoniell übernehmen konnte. Eines Tages, so meine Überzeugung, würden Gaby und Annerose gar nicht anders können, als mich dafür zu lieben, wie ich mich in meiner rot-weißen Galauniform sehr langsam bewegte, sehr wichtig in die Welt guckte und dabei bimmelte und schwenkte. Von dieser stillen Sehnsucht war ich erfüllt bis in meine Träume.

Die Messen konnte ich auf Latein mitbeten, und das mit großer Inbrunst. Das Gefühl, das ich dabei hatte, war nicht ganz unähnlich dem, das ich später empfand, als ich in meinen Anfängerjahren auf der Theaterbühne stand. In den ersten Jahren als Schauspieler geht es einem noch vor allem darum, gesehen und bewundert zu werden. Trotz dieser Parallelen würde ich mich hüten zu behaupten, damit sei die Saat für meine spätere Berufswahl in die Erde gelegt worden. Es gab fanatischere und bessere Messdiener als mich, die trotzdem niemals Schauspieler wurden.

Mit elf Jahren war dann eine große und extrem schmerzhafte Entscheidung fällig. Als einziger Altardiener bekam ich keine Weihnachtstüte.

An dem Tag, als sie verteilt wurden, fehlte ich wegen einer Erkältung. In der Weihnachtstüte befand sich unter anderem und hauptsächlich ein Messdienerkalender, in den man seine Messdienertermine einschreiben konnte. Ein Elfjähriger, der seine jahrelange Liebe zu Gott und zwei Mitschülerinnen im Messdienergewand feiert und keine Weihnachtstüte erhält und somit keinen Messdienerkalender – in diesem Verein konnte etwas nicht stimmen. Das wurde mir auf einen Schlag schmerzhaft klar. Aber wusste Gott davon? Wenn ja, würde er mir dann die Weihnachtstüte vielleicht durch geheime Umwege und himmlische Boten doch noch zukommen und mich so wissen lassen, dass es sich lohnte, weiter um Annerose und Gaby zu kämpfen?

Nichts dergleichen geschah. Auch wenn mich der Pastor ständig vertröstete, den Kalender werde ich noch erhalten: Ich beendete meine Karriere in der Kirche und legte das liturgische Gewand nieder – zumal es auch nicht den gewünschten Erfolg bei den beiden Mädchen brachte. Da ich außer zum Beten in Latein den Mund vor ihnen nicht aufbekam, wissen sie bis heute nichts von meiner frühen Zuneigung.

Verkleidet oder gut angezogen?

In einer Rolle sollte ich eine Lederjacke tragen. Diejenige, die man für mich ausgesucht hatte, fand ich allerdings noch nicht perfekt. Daher sagte ich zu der Kostümbildnerin: «Ich weiß, was Sie mit dieser Lederjacke zum Ausdruck bringen wollen, aber ich habe eine, die das noch viel besser kann.»

Die Kostümbildnerin meinte daraufhin: «Die können wir leider nicht nehmen.»

«Warum nicht?»

«In dem Film werden Sie in eine Schlägerei verwickelt. Laut Drehplan wird diese Szene relativ früh gedreht. Wir wissen noch nicht, wie sehr Sie ins Getümmel geraten werden. Wenn die Jacke dabei einen Riss bekommt, haben wir ein Problem. Denn in den folgenden Szenen sollte sie heil sein. Das heißt, aus Sicherheitsgründen brauchen wir die Jacke dreimal. Aber bringen Sie doch ruhig Ihre private Lederjacke mal mit. Vielleicht finde ich ja etwas, das ihr nahekommt.»

Auf diese Weise kam es zu einer perfekten Lösung und der schwule Metzger Horst in *Der bewegte Mann* zu seiner Lederjacke.

Das Kostüm erzählt viel über die zu spielende Figur, ihre geschichtliche Epoche, ihren sozialen Status, die ökonomischen Verhältnisse, ihre Selbsteinschätzung und damit über ihr Wirkenwollen. Natürlich gibt es Menschen, die sich einen Rock, eine Hose, eine Bluse oder ein Hemd anziehen, um nicht nackt durch die Gegend zu laufen, und sich ansonsten kaum Gedanken darüber machen, was sie da eigentlich tragen. Hauptsache, die Sachen sind bequem, dann ist auch der Fleck auf dem Hemd nicht so wichtig. Über ein passendes Kostüm mit nachzudenken, ist für mich keine lästige Pflicht. Es macht mir Spaß, mir vorzustellen, ob der Mensch, den ich zu spielen habe, zum Beispiel einen Hut trägt oder keinen. Und wenn er eine Kopfbedeckung aufsetzt, warum. Da man heutzutage kaum noch Hüte trägt, frage ich mich: Welche Bedeutung steckt dahinter? Will er eine beginnende Glatze verbergen? Fühlt er sich sicherer, wenn er etwas auf dem Kopf spürt? Oder sieht er einfach cool aus damit?

Gute Kostümbildner erkennt man an der Vorauswahl in Frage kommender Kostüme wie auch an den Zeichnungen, die sie gemacht haben. Meist hängt das endgültige Kostüm schon ganz oder teilweise dazwischen und muss dann eventuell nur noch in Länge und Weite etwas geändert oder durch ein kleines Accessoire ergänzt werden. Ein wirklich gutes Kostüm sieht dann am Ende nicht wie ein Kostüm aus, sondern einfach nur wie die richtige Kleidung für den Menschen, den ich spiele.

Armin Finsterling

Dass einer, der in der Schule der Klassenclown war, später dann Schauspieler wird, ist ja klar. In meinem Fall trifft das so nicht ganz zu. Ich hielt mich für einen eher stillen, zurückhaltenden, fast schüchternen Jungen, nachdenklich und grüblerisch, und etwas hässlich kam ich mir auch vor. Mein Mathematiklehrer nannte mich vor der Klasse gerne «Armin Finsterling», aus Gründen, die sich mir nicht erschlossen.

Eines begreife ich nicht, nämlich dass in der Ausbildung von Pädagogen bis heute nicht darauf hingewiesen und erst recht nicht daran gearbeitet wird, dass man von acht Uhr morgens an vor Publikum steht. Und zwar vor einem Publikum, das keinen Eintritt bezahlt hat. Die meisten Schüler wollen den Lehrer eigentlich gar nicht sehen, interessieren sich meist auch nicht für das, was er mitzuteilen hat, bekommen aber sehr genau mit, ob er stark oder schwach, müde oder ausgeschlafen, spannend oder langweilig ist. Um es brutal zu sagen: Nur ein interessanter und interessierter Lehrer ist ein wirklich guter Lehrer. Ein mörderisch schwerer Beruf.

1973: der Klassenclown auf Klassenfahrt

Mein Mathelehrer Herr Oberstudienrat Neuber war ein Entertainer der ganz besonderen Art. Er kicherte gerne über seine eigenen Witze, und wegen eines Vergehens wie «Schwätzen im Unterricht» mussten wir nach vorne kommen, um uns vor der ganzen Klasse von ihm ins Gesicht schlagen zu lassen – Eintrag ins Klassenbuch inklusive. Oder Herr Oberstudiendirektor Dr. Oehm, über vier endlos lange Jahre unser Deutsch- und Klassenlehrer. Er verbreitete eine Atmosphäre von Peinlichkeit und Überwachung, nutzte nichtige Anlässe, um mich und andere Schüler vor versammelter Mannschaft zu demütigen und vorzuführen.

Ich war vor vierzig Jahren einer der sehr wenigen Arbeitersöhne am Gymnasium in der Siegesstraße und von daher fast schon ein Exot und irgendwie nicht kompatibel. Es war anstrengend, sich das Selbstwertgefühl von diesen Sadisten nicht dauerhaft beschädigen zu lassen.

Apropos Sadisten, eine Rolle würde ich wirklich mal zu gerne spielen: einen eiskalten, knallharten miesen Typen. Sicher, ich habe einige Personen dargestellt, die eine gewisse Brutalität haben. Figuren, die ich weder in meine Wohnung bitten noch als Nachbarn haben möchte, aber irgendwie sind sie mir alle am Ende dann doch noch halbwegs sympathisch geraten. Noch nie habe ich einen Charakter von wirklich gnadenloser Kälte gespielt.

Es ist die Sehnsucht des Schauspielers, auch der Ehrgeiz, der ihn nie verlässt, sämtliche Charaktere darzustellen, die die Welt des Theaters und des Films je hervorgebracht haben. Der Komiker will der große Tragöde sein, der tragische Held den Komödianten mimen. In Shakespeares *Ein Sommernachtstraum* sagt einer der Handwerker: «Lasst mich den Löwen auch noch spielen.»

Einige Schauspieler, gerade Hollywoodgrößen, hatten nie die Gelegenheit oder vielleicht auch nicht die Lust, eine große Bandbreite abzudecken – etwa der Westernheld John Wayne oder Errol Flynn. Anthony Perkins wurde fast ausschließlich als Psychopath eingesetzt, obwohl er viele andere Figuren mit seiner Begabung hätte darstellen können. Aber die Frage ist: Hätten die Zuschauer, die ihn mit dieser komplizierten Seelenlage liebten, ihn in einer Rolle als völlig normalen, liebevollen und treusorgenden Familienvater sehen wollen, als den netten Kerl von nebenan? Die Studios befürchteten, das Publikum damit allzu sehr zu überraschen und vielleicht sogar zu überfordern.

Ich selbst bin auch nicht frei von bestimmten Erwartungen, die ich erfüllt wissen will. Angenommen, ich lade mir Leonard Cohens nächstes Musikalbum auf den iPod, setze mir die Kopfhörer auf, und auf einmal kommt die vertraute Stimme – allerdings im Techno-Rhythmus. Da hätte ich bei allem Verständnis für Experimente ein Problem. Meine Reaktion wäre in diesem Fall die Frage: «Lieber, guter alter Freund, wer hat dich denn zu diesem Schwachsinn angestiftet?» Ähnliches hätte ich geäußert, wenn Pierre Brice auf einmal einen furchterregenden Kindermörder gespielt hätte. Er könnte in dieser Rolle noch so überzeugend sein, ich hätte ihm zu verstehen gegeben: «Du bist ein so geiler Winnetou, bitte bleib dabei und beweise mir nicht, dass du noch alle möglichen anderen Personen darstellen kannst.»

Für ein bestimmtes Image zu stehen (der ist immer so lustig, der hat stets ein verkniffenes Gesicht, der trägt ständig eine Lederjacke, der ist der optimale Schwiegersohn – oder ach, der spielt doch immer diese schüchternen Verlierer), das ist in der heutigen Zeit, in der die Menschen mit Bildern und Informationen bombardiert werden, ein zweischneidiges Schwert. Fall mal so sehr auf mit einer Leistung, dass du von Stund an mit genau dieser Leistung identifiziert wirst! Schwer genug! Das merken insbesondere Schauspielanfänger, die überhaupt noch kein Image haben, aber schon darunter leiden, sie könnten demnächst eins verpasst bekommen.

Zu Anfang wird man sowieso hauptsächlich nach Typ besetzt. Das heißt, wenn ich wild und draufgängerisch wirke, bekomme ich höchstwahrscheinlich erst mal nur Ganoven und Draufgänger zu spielen. Ein großer, selbstsicher aussehender Mann sorgt für Enttäuschung, wenn er mit hoher Fistelstimme und Trippelschrittchen außer Angst und Unsicherheit nichts anzubieten hat. Das kann zwar auch eine sehr komische oder sogar tragische Wirkung haben, entspricht aber zunächst mal nicht dem, was man sich von seiner Erscheinung her verspricht.

Irgendwann kommt für die meisten Schauspieler der Augenblick, in dem sie anfangen, sich damit zu langweilen oder sogar darunter zu leiden, immer nur der «nette Typ» oder der «schlimme Schurke» sein zu müssen. Beim «schlimmen Schurken» wächst dieser Unmut wahrscheinlich nicht ganz so schnell. Der Schauspieler kann sich dabei durch einen einfachen Gedankengang helfen. Nicht jeder «nette Typ» oder «schlimme Schurke» ist so wie der andere. Sobald man anfängt, den Typen als komplexen Menschen aufzufassen und nicht nur als ein Rollenklischee, wird man nach und nach Möglichkeiten entdecken, in denen etwas Neues aufblitzt. Vielleicht hat der Schurke ja ein weiches Herz, sobald er mit seiner alten Mutter telefoniert, oder der Nette rastet aus und wird gehässig, wenn ihm jemand seinen Federballschläger mit Marmelade bekleckert.

Beim Spielen einer Rolle lauert immer die Gefahr, auch wenn es sich mal nicht um scheinbar eindeutige Typen handelt, den gängigen Klischees auf den Leim zu gehen. Es ist mir fast unmöglich, in einer einzigen Rolle und schon gar nicht in meinen Anfangsrollen alle Türen meiner schauspielerischen Möglichkeiten zu öffnen. Hinzu kommt, dass diese «Türen» im besten Fall nicht zu zählen sind. Beim Theater ist das mit der Rollenwahl ganz anders als beim Film. Das Ensemble eines Theaters besteht im Durchschnitt aus etwa zwanzig bis dreißig Männern und circa zehn bis zwanzig Frauen. Dieses Ungleichgewicht der Geschlechter hängt damit zusammen, dass es am Theater grundsätzlich mehr männliche als weibliche Rollen zu besetzen gibt. Nun müssen diese fünfzig Leute sowohl Klassiker als auch moderne Stücke spielen: Der Mann, der heute Abend Hamlet ist, ist morgen Abend ein kleiner, ulkiger Landstreicher, Romeos Mutter ist dann eine trinksüchtige Hure und so weiter. Ein Theaterschauspieler darf nicht nur sehr verschiedene Rollen spielen, er muss es sogar, und zwar in sechsundvierzig Wochen pro Jahr und an sieben Tagen in der Woche.

Nun ist aber die Theaterwelt ein relativ kleines, überschaubares Königreich, in dem ein fürsorglicher Intendant – und so was gibt es tatsächlich – ein Auge auf die fest engagierten Ensemblemitglieder werfen kann. In der Film- und Fernsehlandschaft gibt es keine Festanstellung für Schauspieler, und eine derartig hegende und fördernde Zentralfigur existiert nicht. Allerdings gibt es den einen oder anderen Film- und Fernsehregisseur, Redakteur oder Produzenten, der immer wieder gerne mit bestimmten Schauspielern arbeitet und sie auch unterschiedliche Rollen ausprobieren lässt.

Das heißt für den Film- und Fernsehschauspieler, er muss auf sich selbst aufpassen. Und wie gesagt: Es ist kein unkomplizierter Weg, ein Image aufzubauen und es gegebenenfalls auch wieder zu ändern. Ein Kollege, von dem ich nicht mehr weiß, wer es war, soll einmal gesagt haben: «Für einen Schauspieler und seine Karriere ist es nicht so wichtig, welche Rollen er spielt. Wichtiger ist, welche er nicht spielt.» Angebote abzulehnen, damit kein falscher Eindruck entsteht, ist eine entscheidende Fähigkeit, um eine gute Laufbahn hinzulegen. Aber um eine Rolle ablehnen zu können, muss man sie erst einmal angeboten bekommen.

Bei historischen Verfilmungen wurde ich lange Zeit wenig angefragt und war umso erfreuter, als ich dann in verschiedenen Kinofilmen einmal Emil Jannings, dann Albert Einstein und momentan Heinrich George spielen durfte.

Schüchternheit und Al Capone

Wenn man schüchtern oder scheu ist, heißt das noch lange nicht, dass man für den Beruf des Schauspielers nichts taugt. Hier liegt ein landläufiges Missverständnis vor. Ein schüchterner Mensch kann ein hervorragender Schauspieler sein, weil es äußerst spannend ist, wenn so jemand beim Spielen Einblicke in sein Innenleben gewährt – durch den Filter einer Rolle. Ich bin kein wirklich schüchterner Mensch, auch wenn ich mich lange Zeit dafür gehalten habe. Ich war manchmal einfach nur etwas verträumt oder hatte keine Lust auf Kommunikation – das ist etwas anderes, als verlegen zu sein, zu fremdeln.

Wenn in meiner Jugend die anderen Jungen Fußball spielten, zog ich mich mit einem Stapel Comic-Heften oder mit *Die Räuber vom Liang Schan Moor* in eine stille Ecke zurück und wurde nicht mehr gesehen. Vor die Tür zu gehen habe ich oft nicht gebraucht. Zugegeben, ich habe meine Mitschüler immer beneidet, die sich, sobald ein Sonnenstrahl schien, sofort das Hemd vom Leib rissen und in einer Badehose eine gute Figur machten. Als Nicht-Outdoor-Typ verbarg ich meinen Körper lieber unter Klamotten und tat empfindlich. Das hatte nichts mit Scham zu tun, eher mit dem Gefühl, auf irgendeine Art und Weise nicht dazuzugehören. Mit anderen Worten: Ich war ein kleiner Einzelgänger.

Als solcher habe ich dennoch den Kasper gemacht und Witze gerissen, von denen ich meinte, dass sie raffinierter seien als die der anderen Klassenclowns. Einen eigenartigen Ehrgeiz, unterhaltsam zu sein, hatte ich also schon immer. Hätte mich damals jemand heimlich mit der Kamera aufgenommen und man würde sich diesen Film heute anschauen, müsste man das Wort «unterhaltsam» allerdings vielleicht durch «peinlich» ersetzen.

Viele halten mich heute für einen geselligen Menschen, Feuilletonisten haben mir sogar das Prädikat «Partylöwe» verpasst. Mit Staunen nehme ich das wahr, obwohl es stimmt, dass ich dazu neige, mitteilsamer und angeregter zu sein, wenn ich mich mit mehr als einer Person unterhalte. Bei mehr als zwei Gesprächspartnern fängt für mich meist das Publikum an. Freunde haben sich beschwert, man könne sich über mich kaputtlachen – bei Interviews im Fernsehen. Im privaten Kreis würde man mich dagegen dabei erwischen, dass ich mich aufs Sofa lege und ein Nickerchen halte.

Meine Antwort auf dieses Missverständnis: «Wenn ich Balletttänzerin wäre, würdet ihr auch nicht erwarten, dass ich hier ständig auf Zehenspitzen und im Tutu herumlaufe und irgendwelche Schwebetechniken vorführe. Es ist mein Beruf, zu unterhalten, und vierundzwanzig Stunden am Tag klug und begehrenswert zu sein, schaffe selbst ich nicht.»

Wenn ich beispielsweise bei einer Veranstaltung auf die Tanzfläche gehe, kann ich nicht selbstvergessen tanzen, auch wenn es vielleicht so aussieht. Ich tu eigentlich nur so, als würde ich tanzen. Es ist Show, weil ich sofort das Gefühl habe, exponiert zu sein. Von mehr als einem Augenpaar oder ein paar Freunden wahrgenommen zu werden, ist nun mal nicht privat. Aus diesem Grund nehme ich von solchen Einlagen meistens Abstand. Zu fortgeschrittener Stunde und nach einer kleinen bis mittleren Dosis Wodka-Tonic kann mir diese Tanzhemmung allerdings auch schon mal flöten gehen. Ich folge dabei aber eher unentrinnbaren Aufforderungen als dem ureigenen Bedürfnis, die Tanzfläche zu stürmen.

Der «Partylöwe» in mir funktioniert so: Wenn ich morgens um vier gut gelaunt mit einem Glas in der Hand herumstehe, Scherze mache und mich mit hübschen Frauen unterhalte, sieht das möglicherweise aus wie Al Capone nach seinem dritten Freispruch, und zwar deswegen, weil ich mich bereits zu Beginn des Abends entschlossen hatte, öffentlich zu sein, jemand zu sein, der gezielt zum Feiern sein Haus verlässt, jemand zu sein, der das gerne tut und sich dabei auch von der Öffentlichkeit des Anlasses nicht irritieren lässt. Öffentliches Feiern ist für mich Teil des Berufs, ein schönes Spiel.

Kapitel 2

SCHWER BEEINDRUCKT

Taekwan-Do-Training im örtlichen Polizeisportverein

Hypnose und das rote Tuch

Wie tickt jemand? Schon als Kind wollte ich das herausfinden. Das bezog sich aber selten auf meine Lehrer, weshalb meine Noten in der Schule chronisch zu wünschen übrig ließen und die Versetzung meist eher gerade noch so eben gelang. Abitur, das war nicht mehr drin, obwohl ich die Unterprima, also die zwölfte Klasse, wiederholte. Viel interessanter als der Unterricht waren die Romane von Hermann Hesse, die Texte von Leonard Cohen und Bob Dylan, mein Traum von Amerika und Gedanken wie: Warum ist man, wie man ist? Warum handelt man, wie man handelt? Kann man anders sein, als man ist?

Ohne irgendwelche psychologischen Kenntnisse zu haben, begeisterte mich Jahre zuvor schon das Thema Manipulation. Konnte man einen Menschen, der diese oder jene Verhaltensweisen an den Tag legte, so beeinflussen, dass er sich zu bestimmten Taten verführen, sich grundlegend verändern ließ? Was lag da näher, als sich intensiv mit Hypnose zu beschäftigen?

Eines Tages entdeckte ich in einem Jerry-Cotton-Heft eine Anzeige in etwa vierfacher Briefmarkengröße, die meinen Atem stocken ließ: «Hypnotisieren lernen in zwei Tagen. Erlernen auch Sie die magische Fähigkeit, anderen Menschen Ihren Willen aufzuzwingen».

Ich war schwer beeindruckt, schon allein von diesem Versprechen und dem geheimnisvollen Wort «Hypnose», aber auch davon, dass man sich diese sagenhafte Fähigkeit so schnell aneignen konnte. Allerdings sollte der Fernkurs fünfundzwanzig D-Mark kosten, ein unvorstellbares Vermögen für mich, und so suchte ich die Stadtbibliothek auf und lieh mir stapelweise Bücher zum Thema Hypnose aus. Nachdem ich sämtliche greifbaren Werke verschlungen hatte, war ich felsenfest davon überzeugt, hypnotisieren zu können, denn ich spürte die Macht in mir wie ein dunkles Geheimnis. Und ich wollte Beweise.

Mein kleiner Bruder Uwe war trotz des Altersunterschieds groß genug, um mit meinem besten Freund Jabo und mir im örtlichen Polizeisportverein Judo zu trainieren. Uwe war gut, viel besser als ich und Jabo je wurden, und er gewann Meisterschaften, bei denen ich unter «ferner liefen» abschnitt. Um unsere Selbstverteidigungsfähigkeiten darüber hinaus zu schulen und die Armen, die Witwen und Waisen eines Tages wie Zorro zu rächen, gingen wir mit schwarzen Masken in den Wald, schwangen die Peitsche, warfen das Lasso oder übten Beilwerfen. Wir fanden, das sei die optimale Vorbereitung, um später als Erwachsene zum FBI zu gehen und dort als Special Agents Killer und Betrüger hinter Gitter zu bringen. Für dieses Waldtraining war Uwe unserer Meinung nach allerdings noch nicht reif genug, aber er schien uns das geeignete Medium zu sein, um meine Hypnosefähigkeiten auszutesten.

«Ich kann dich in Hypnose versetzen! Willst du das mal ausprobieren?», fragte ich ihn einmal auf unserem vierzigminütigen Fußweg vom Judotraining nach Hause.

Keine sonderliche Begeisterung bei meinem kleinen Bruder.

«Traust du dich?»

Immer noch keine Reaktion bei Uwe.

«Du darfst auch mal mit uns in die Wälder kommen.»

«Gut. Okay.»

Mit dieser abenteuerverheißenden Aussicht äußerte er nicht die geringsten Einwände, als wir in den nächsten Tagen die merkwürdigsten Dinge mit ihm veranstalteten, überzeugt davon, dass Jabo und ich über dämonische und magische Kräfte verfügten.

Einmal hatten wir Uwe so tief und heftig hypnotisiert, dass er einfach nicht wieder wach wurde.

«Judokreismeisterschaft.»

Das hatten wir vorher als Stichwort zum Aufwachen verabredet. Uwe wachte aber nicht auf aus der Hypnose, sondern wartete mit glasigem, abwesendem Blick wie aus einer anderen Welt darauf, von uns in weitere Schattenkämpfe gegen Dämonen eingesetzt zu werden.

Kreismeisterschaft war vielleicht doch zu billig.

«Judobezirksmeisterschaft!!!» Ich schrie das Wort fast, doch mein Bruder rührte sich nicht.

Wir legten noch einen drauf. «Judolandesmeisterschaft.»

Wieder nichts.

«Mach weiter!», feuerte Jabo mich an. «Probier die Wurftechniken durch.»

«Tai Otoshi» – «O-Soto-Guruma» – «Seoi Nage».

Nichts passierte.

Jabo kratzte sich an Kopf und Hintern gleichzeitig, was er tat, wenn wir uns in einer schwierigen Situation befanden.

«Das ist jetzt richtig scheiße», hörte ich mich sagen. «Was machen wir? Klinik?»

Jabo, der bei unseren jugendlichen Abenteuern meist das Hirn war, hatte die geniale Idee, mit meinem kleinen Bruder Orte aufzusuchen, die bei ihm irgendwie Erinnerungen an sein Leben vor der Hypnose wachrufen würden. Kein ganz leichtes Unterfangen, und wir waren in heller Panik. Als Schwarzfahrer in Bus und Schwebebahn, mit einem kleinen, kaputthypnotisierten Bruder, der wie ein Zombie zwischen uns stand, waren wir bemüht, um Gottes willen nicht aufzufallen. Jedoch keiner der aufgesuchten Orte zeitigte das ersehnte Ergebnis bei Uwe. Nicht die winzigste Veränderung.

Wir mussten radikaler werden. Mit vereinten Kräften zogen und schoben wir ihn durch ein regennasses Gebüsch. Dabei hatte ich auf einmal eine Eingebung, und ich sprach die magischen Worte: «Du kannst Mitglied bei unserer Bande werden.»

Jetzt endlich blinzelte mein Bruder und erwachte zurück ins wirkliche Leben. Viele Jahre später gestand mir Uwe, dass er alles nur gespielt und einzig darauf gewartet hatte, dass ich dieses Versprechen von mir geben würde. Er wurde – wen wundert's? – erst Opernsänger, danach ebenfalls Clown und Schauspieler.

Übrigens – sollten Sie jemals einen Handwerker bestellen, um den Fernseher oder den Geschirrspüler zu reparieren, und der Mann baut sich mit seinem Schraubenzieher vor dem defekten Gerät auf und kratzt sich gleichzeitig an Kopf und Hintern – zahlen Sie ihm das Geld für die Anfahrt, und schicken Sie ihn weg! Er ist einer von der Sorte, die Ihnen garantiert nicht helfen kann.

Messer, Brille, Zigarette

Ein Gegenstand, der sich auf der Bühne befindet und nicht bespielt wird, etwa ein herumliegendes rotes Tuch, ist Teil der Ausstattung, kein Requisit. Oder eine Marotte, etwa wenn ein Regisseur meint, er müsse in jeder seiner Inszenierungen irgendwo in der Ecke ein rotes Tuch ablegen. Ein Requisit ist etwas, was in die Hand genommen wird, womit der Schauspieler irgendetwas veranstaltet. Ein Regenschirm, eine Tasse, eine Zange, ein Schraubenzieher, mit dem er an irgendetwas herumwerkelt, eine Peitsche oder auch ein Lasso. Eine Zigarette ist ein Requisit, auch ein Kaugummi kann eines sein, der Spazierstock von Chaplin, eigentlich jeder Gegenstand, mit dem der Schauspieler irgendetwas anstellt. Bei einer Brille (oder einer Maske) ist es etwas unklar, das könnte schon zum Kostüm gehören.

Ein rotes Tuch wird erst dann zum Requisit, wenn es ins Spiel kommt, etwa ein Zeichen für Verrat ist, wenn jemand damit erwürgt wird, sich ein Kollege mit ihm den Schweiß abtupft oder es ins Publikum wirft – vielleicht in den Schoß der hinreißenden Dame in der zweiten Reihe, die schon zum vierten Mal in der Vorstellung sitzt und die dann beim Auseinanderfalten des Tuches einen Zettel mit einer Telefonnummer findet. Das Leben ist bunt.

Als ich bei den *Räubern* des skurril-genialischen Regisseurs Alfred Kirchner mitspielte – ich hatte gerade meine Schauspielausbildung beendet und durfte in dieser Schiller-Inszenierung am Bochumer Schauspielhaus den dritten Räuber von links namens Grimm spielen –, ließ er, während Karl Moor, gespielt von meinem wunderbaren Kollegen Matthias Redlhammer, sprach, ein Huhn an der Bühnenrampe auf und ab laufen, und dazwischen lag noch etwas Heu verteilt. Dies sollte symbolisieren: Hochverehrtes Publikum, wir sind draußen in freier Natur, in den böhmischen Wäldern! Nur: Der beste Schauspieler der Welt hat keine Chance, mit seiner Leistung wahrgenommen zu werden, wenn zugleich ein Huhn an der Bühnenrampe entlangeiert, seine typischen Hühner-Kopfbewegungen macht und auch noch kackt.

Genau das passierte natürlich während der Aufführung. Das Publikum war so gebannt, dass es für die Schauspieler nicht mehr so wahnsinnig viel Interesse hatte. Es hätten Klaus Kinski und Robert De Niro gleichzeitig die Bühne betreten können, nackt und auf den Händen laufend, die Leute hätten ihnen kaum Beachtung geschenkt. Kirchner sah das schließlich selbst ein und ließ das Huhn in späteren *Räuber*-Vorstellungen weg. Der schönste Wahnsinnsmonolog des großartigsten Schauspielers kommt nicht an gegen ein kackendes Huhn. Dabei hatte das Federvieh nicht einmal *dirty acting* geliefert, sondern einfach nur das, was ihm die Natur befahl. Diese Aufführung der *Räuber* in Bochum 1984 war übrigens sensationell besetzt, unter anderem mit den Kollegen Hansa Czypionka, Peter Lohmeyer, Dietmar Bär, Joachim Król und Christian Berkel.

Das Spiel mit den Requisiten ist beim Film nicht minder tückisch. Paradebeispiel: Zigaretten. Da eine Szene immer in mehreren Einstellungen d. h. in verschiedenen Objektivgrößen aus unterschiedlichen Blickwinkeln und Entfernungen gedreht wird und von jeder Einstellung in der Regel zwei bis sechs Takes und mitunter auch schon mal zwölf oder sogar zwanzig Takes gefilmt werden, könnte man bei einer Szene, in der eine Person raucht, am Ende eines Tages bis zu hundertzwanzig Zigaretten anzünden (die Proben eingeschlossen). Die Requisitenabteilung und die Dame von der Continuity achten darauf, dass Zigarette und Asche immer genauso lang sind wie beim vorherigen Take. Sonst gibt es einen Anschlussfehler, der den perfekten Gesamteindruck mindern könnte. Selbst trainierte Kettenraucher geraten da schon mal in Verlegenheit. Hinterher sieht es selbstverständlich so aus, als wäre nur eine einzige Zigarette geraucht worden.

Man muss sich also sehr genau überlegen, ob man es sich antun will, derart problematische Requisiten einzusetzen. Was sagt die Zigarette über den Charakter der darzustellenden Figur aus? Ist die Figur ein nervöser Typ, wirkt sie besonders lässig mit Zigarette? Geht es um einen Revoluzzer, der

2006: als Räuber Hotzenplotz

sogar dort raucht, wo es nicht mehr erlaubt ist? Und wenn man herausgefunden hat, was dieses Requisit ausdrücken soll, sollte sich der Schauspieler fragen, ob sich das vielleicht nicht auch auf andere Weise mitteilen lässt.

Ein unverzichtbares Requisit waren die Messer, die ich als Räuber Hotzenplotz am Gürtel trug. Tagelang habe ich Unterricht genommen und geübt, bis ich überzeugend mit ihnen umgehen konnte. Ein Räuber, der sieben Messer bei sich hat, kann nicht wie ein linkischer Anfänger damit herumhantieren. Der wirbelt sie kunstvoll um die Finger und weiß genau, wo er die einzelnen Klingen an seinem Körper aufbewahrt. Die Messer waren in diesem Fall ein sinnvolles wie auch unerlässliches Requisit, weil sie zur Charakterisierung der Figur gehörten.

Ein Satz – und schon Schauspieler

Kinder erfinden Geheimsprachen und unsichtbare Freunde, oder sie experimentieren mit Hypnosemedien – all dies kann eine gewisse schauspielerische Einübung sein. Muss es aber nicht. Ebenso sind Theater-AGs an Schulen keine Garantie dafür, dass entsprechende Talente sich zeigen oder geboren werden. Bei mir fiel jedenfalls nicht der Groschen, als ich mir einige Aufführungen an unserem Gymnasium anschaute. Die Vorstellungen hatten eine gewisse Faszination für mich, besonders *Scapins Streiche*, ein Stück von Molière. Ein großer blonder Schlacks aus einer höheren Klasse spielte in dieser Komödie die Hauptfigur. Ich war überzeugt davon, dass ihm die Mädchen deshalb scharenweise nachliefen. Aber schon als Messdiener war meine Rechnung nicht aufgegangen, wieso sollte das jetzt anders sein?

Ein paar Jahre später wollte ich mir in einer Wuppertaler Cocktailbar aus Liebeskummer die Kante geben und bat den Barkeeper darum, mir einen Drink zu mixen, der in der Lage wäre, mich zu trösten. Es stellte sich heraus, dass just dieser Barkeeper der Star der Schultheatergruppe gewesen war. Aus ihm war also kein Schauspieler geworden. Er fand es aber cool, dass ich inzwischen einer war, und ich fand ihn cool, weil er so tolle kalte Mischgetränke mixen konnte.

Eigenartig war, dass ich mit genau diesem Theaterstück – *Scapins Streiche* – zum ersten Mal auf einer richtigen Bühne stand, und zwar am Wuppertaler Theater. Keine Hauptrolle – nein. Zwei Sätze hatte ich zu sagen, und einer davon lautete: «Das macht der Himmel.» Den anderen habe ich vergessen, damals konnte ich ihn natürlich. Eigentlich war das eine Kleindarstellerrolle, aber in meinem Vertrag stand nicht «Statist», «Komparse» oder «Kleindarsteller», sondern «SCHAUSPIELER». Von Stund an habe ich in jedem Gespräch die Geschichte immer sehr schnell dahin gedreht, dass ich nach ein paar Minuten sagen konnte: «Weil ich nämlich Schauspieler bin.»

Mein Vater macht das in Bezug auf mich heute noch so. Bei einer Zugfahrt bringt er das Gespräch wie zufällig auf Film und Theater, und dann braucht er ungefähr sieben Minuten, bis er seinen Mitreisenden mit stolzem Lächeln verrät: «Sehen Sie, und DAS ist mein Sohn.» In den Premieren, die er gemeinsam mit meiner Mutter besuchte, hätte es mich nicht gewundert, wenn er mittendrin von seinem Sitz aufgesprungen wäre, um genau diesen Satz als auftrumpfenden Fanfarenstoß durch den Zuschauersaal zu rufen.

Neben meinen beiden Sätzen durfte ich als Straßenmaler mit einem Kofferradio in der Hand über eine zentimetertief unter Wasser gesetzte Bühne (das sollte Venedig darstellen) tanzen. Immerhin hatte ich bei der Premiere als Einziger Szenenapplaus und am Schluss «Bravo»-Rufe (klar, meine Freunde saßen in der Vorstellung), und das bei einer fast stummen Rolle. Das war 1979, und ich war vierundzwanzig Jahre alt.

Trotz der möglichen Perspektive, sämtliche Mädchen der Schule bezirzen zu können, trat ich also nie der Theater-AG bei. Das hätte nämlich bedeutet, noch mehr Zeit in der Schule zu verbringen – und zwar mit einem Lehrer als Regisseur, der sowieso nicht mein Fall war. So groß können Faszination und Aussicht auf Beachtung letzten Endes nicht gewesen sein. Außerdem beobachtete ich lieber, was andere machten, als mich selbst ins Geschehen hineinziehen zu lassen.

Noch heute hasse ich es, wenn man bei bestimmten Veranstaltungen mehr oder weniger komfortabel sitzt und zugleich ständig befürchten muss, im nächsten Augenblick kommt einer von der Bühne runter, zerrt dich vom Stuhl, stellt dir peinliche Fragen oder versucht, dir was Lustiges anzuziehen. Ich will in Ruhe gelassen werden, und wer versucht, mich zum Mitspielen zu animieren, der riskiert, dass ich das dann auch wirklich mache. Es ist nahezu unmöglich, einen Laien auf der Bühne gut aussehen zu lassen, sodass er sich nach seinem Einsatz nicht mit hochrotem Kopf wieder auf seinen Platz hinsetzen muss. Profis haben entweder den Text geprobt oder wissen, wie man improvisiert, wissen, wann sie ihre Witze anzubringen haben, und werden weder überrascht noch überrumpelt. Nur so können sie wie Helden dastehen, was den Laien nicht gegeben ist. Durch Nötigung zum Mitspielen kann auch ein Profi von einem Augenblick zum andern zum Deppen gemacht werden. Und ich habe den Verdacht, dass genau das auch bezweckt wird beim Mitspieltheater.

Bislang deutete immer noch wenig darauf hin, dass ich einmal den Beruf des Schauspielers erlernen würde. Ein winziges Indiz gab es vielleicht, das in diese Richtung wies: meine Freude an Sprache, die Lust am Umgang mit Wörtern. Deutsch und Englisch waren meine favorisierten Fächer in der Schule, und mit vierzehn Jahren ging es los, dass ich Wörterbücher las, mit einer Begeisterung wie zuvor die Abenteuerbücher. Ich fand es spannend, jeden Tag neue Wörter zu entdecken, sie besaßen für mich regelrecht eine Körperlichkeit. Im Deutschunterricht riss ich mich geradezu darum, Aufsätze zu schreiben, und natürlich bestanden sie bei mir hauptsächlich aus wörtlicher Rede. Durfte ich nach vorne treten und sie vor der ganzen Klasse vorlesen, versuchte ich den einzelnen Stimmen charakteristische Merkmale zu geben. In diesen Momenten produzierte ich mich erstmalig vor einer kleinen Öffentlichkeit.

Die unterschwellige Häme meines Deutschlehrers steckte ich dabei weg und genoss den Beifall meiner Klassenkameraden.

Tragischer Glanz versus Proll

Viele Anfänger glauben, dass es im Schauspielerberuf darum geht, sich selbst auszuleben, die Tiefe, Schönheit und Kompliziertheit der eigenen Seele der Welt mitzuteilen. Natürlich geht es auch darum, aber nur zum Teil. Je länger man spielt, umso unwichtiger wird das. Anderes wird entscheidender, etwa die Lust an der Sprache, weil es befriedigender ist als das lustvolle Herzeigen der eigenen Vielfalt und Besonderheit, die Lust beim Suchen und Finden eines genauen Ausdrucks, verbunden mit bestimmten Rhythmen und Pausen beim Sprechen. Die Lust herauszufinden, wie tickt der Mensch, den ich da spiele, und dann die Freude, diesen Menschen Schritt für Schritt «real» entstehen zu lassen.

Eine Qualität, die man für diesen Beruf mitbringen sollte, ist das Hinschauenwollen. Alles genau zu beobachten und sich darüber zu wundern, wie die Leute miteinander sprechen, wie sich eine Situation ändert, sogar in der Stimmung völlig kippt. Es fängt freundlich an, und auf einmal ist alles furchtbar. Oder umgekehrt. Wie blickt jemand, wenn er an der Kasse im Supermarkt merkt, dass er sein Portemonnaie zu Hause vergessen hat, wie verändern sich da die Stimme, die Körperhaltung, das Gesicht? Diese Situation wird unterschiedlich aussehen, je nachdem ob derjenige hier regelmäßig einkauft, wie selbstsicher er ansonsten ist, ob hinter ihm eine ungeduldige Schlange wartet etc.

Leider wird es immer schwieriger, Menschen zuzusehen, je bekannter man selbst ist – denn dann beobachten sie dich. Um dies noch ungestört tun zu können, setze ich mir manchmal eine Sonnenbrille auf oder ziehe meine Kappe tief in die Stirn und bilde mir ein, das bringt's, wenn ich vorm Nudelregal stehe und darüber meditiere, ob die Spaghetti mit oder ohne Ei die besseren sind. Bis mich jemand am Ärmel zupft, um ein Autogramm bittet und mir – während ich Autogrammkarte und Stift herausfische und unterschreibe – den größten Teil seiner Lebensgeschichte erzählt und dass er meinen allerletzten Film jetzt aber nicht so spannend fand wie den davor und wann ich denn wieder mal was Lustiges spiele und ob es sein kann, dass ich wieder etwas zugenommen habe, dass mir die abrasierten Haare aber so was von gar nicht stehen, dass ich ja in echt viel kleiner wäre als im Kino und ob ich kurz warten könnte, er wolle nur schnell seinen Fotoapparat aus dem Auto holen.

Ist in Ordnung, ich hätte ja auch Soldat werden oder mich als Polizist in den Kosovo schicken lassen können. Wie komme ich gerade auf Polizist und Kosovo? Weil mir einer unserer Stuntleute bei den Dreharbeiten zu *Nachtschicht* (er spielte einen der SEKler, die mir zugeordnet waren) erzählt hat, dass man ihn als Polizisten in den Kosovo geschickt hatte, wo er zweifach angeschossen wurde, danach aus dem Dienst ausscheiden musste und sich seitdem zu seiner dürftigen Bundesrente durch Komparsenauftritte was dazuverdiente.

Als Pubertierender war ich ein großer Narzisst. Wenn ich etwas Enttäuschendes erlebte, rannte ich gleich danach zum Spiegel, um zu prüfen, ob schon die entsprechende Falte dafür im Gesicht zu sehen sei. Ich wollte wissen, wie das Leben Spuren hinterlässt, wobei bei einem Siebzehnjährigen so schnell keine Falte sichtbar wird, auch wenn er noch so traurig ist.

In diese Zeit fiel eine Erfahrung, die mich sehr prägte. Mein engster Freund in der Schule war Jürgen Schlüter. Er war ein Jahr jünger und dreißig Zentimeter größer als ich und hatte zwei Jahre vor dem Abitur ein Jahr als Austauschschüler in Guatemala gelebt. Nach seiner Rückkehr zog er bei seinem älteren Bruder ein. Der hatte schon eine eigene Bude und saß nachmittags noch im Bademantel und mit strähnigen Haaren bei einer Tasse Kaffee im Schneidersitz vor dem Bett. Ich war schwer beeindruckt. Gemeinsam kochten wir scharf gewürzte Spaghetti, und ich empfehle dringend, nach dem Handkontakt mit geschnittenen Chilischoten keine empfindlichen Körperteile zu berühren, man kann sich die nächsten Stunden danach nicht ruhig hinsetzen ...

Jürgen und sein Bruder spielten Lieder von Bob Dylan auf der Gitarre, wir lasen Kant und verschlangen die Bücher

Leonard Cohens, *Schöne Verlierer* und *Das Lieblingsspiel*, und hörten endlos Cohens Musik. Oft zogen wir nach einer Flasche Rotwein durch das nächtliche Tal der Wupper über verschlungene Treppen an verschlafenen Häusern vorbei, und wenn irgendwo noch ein Fenster erleuchtet war, philosophierten wir darüber, wie wohl das Mädchen aussah, das da noch in seinem Tagebuch schrieb. Wir fühlten uns wie die schönen Verlierer in Cohens Büchern. Jürgen fehlte mir sehr, als er für ein Jahr nach Mittelamerika ging. 1975 kam er zurück, und wir nahmen unsere alten Rituale wieder auf, die wir dadurch erweiterten, dass wir in Schrebergärten in einer Hängematte, die er aus Guatemala mitgebracht hatte, kleine nächtliche Ruhepausen einlegten. Drei Monate lang ging das so.

An einem Morgen im frühen Herbst vermisste ich Jürgen in der Schule. Normalerweise wusste ich Bescheid, wenn er vorhatte, eine Stunde blauzumachen. In der ersten großen Pause standen da auf einmal sein älterer Bruder mit seinem jüngsten Bruder an der Hand wie ein Schattenriss im Schultor, und ich wusste instinktiv, dass etwas Furchtbares passiert war. Jürgen hatte sich in der vergangenen Nacht das Leben genommen. Ich hatte in meiner Selbstversponnenheit nie realisiert, dass das, was bei mir poetisch verklärte Melancholie war, bei ihm eine lebensbedrohende Traurigkeit war. Am offenen Grab sangen sein älterer Bruder und ich «Bird on a wire», und ich begriff immer noch nicht wirklich, dass das keine Szene aus dem Film *Alice's Restaurant* war.

Auf meinen anfänglichen Schock folgte die Sehnsucht, selber tot zu sein. An unserer Schule war bekannt, dass ich gut mit Jürgen befreundet war, und die Gefühle, die durch den Schock und die Traurigkeit hindurch in mir aufstiegen, verwirrten und beschämten mich. Einerseits empfand ich aufrichtige Trauer, andererseits wurde ich auf einmal als «der

tragische Freund» wahrgenommen. Ich war der [...]
von dem, der sich das Leben genommen hatte. [...]
Schulhof bildete sich eine merkwürdige Glocke um mich [...]
um, man gewährte mir eine Ausnahmestellung, und es fäll[...]
mir noch heute nicht ganz leicht, zuzugeben, dass ich nichts
dagegen hatte. Auf einmal war ich wichtig, und auf mir lag
dieser geheimnisvolle, tragische Glanz, nach dem ich mich
doch immer gesehnt hatte. Es war seltsam und verstörend,
dass sich das nun durch den Tod meines Freundes erfüllte.
Ich fühlte mich schuldig.

Dieses eigenartige Gefühl von Stimmigkeit, das ich bei allem Verlustgefühl empfand, hatte sicher etwas damit zu tun, dass ich ein ganzes Stück näher an mich selbst herangerückt war. Ich musste nicht mehr herumkaspern, weil es keiner mehr von mir erwartete. Die anderen nahmen mich auf einmal so wahr, wie ich wirklich empfand. Ich war traurig, ratlos, sehnsüchtig.

In den folgenden Jahren entwickelte ich zunehmend die Vorstellung, Jürgens ungelebtes Leben stellvertretend mitleben zu müssen.

Currywurst und Dosenbier

Noch immer glauben ein paar Leute, dass ich mich sicher riesig darüber freue, wenn man mir eine Currywurst mit Pommes rot-weiß und 'ne Dose Bier vor die Nase setzt. Versteh ich gut, nach Bierchen in *Kleine Haie* und dem bereits erwähnten «schwulen Metzger» Horst, und das ist auch sympathisch und rührend, entspricht aber nur einem Teil meiner Persönlichkeit. Als ich noch Theater spielte, hieß es öfters: «Schickt den Rohde an die Rampe, und ihr habt den Saal.»

konnte man Zuschauer gewinnen, ⟨s⟩chlacht war geschlagen. Nur histo- ⟨r⟩⟨o⟩llen, die wollte man mir lange nicht ⟨al⟩s zu unterhaltsam, als zu unseriös, als ⟨zu⟩ proletarisch. Erst nachdem ich zwischen ⟨a⟩⟨m⟩ Bochumer Theater sechsundsechzigmal ⟨spi⟩elte, galt ich «über Nacht» als sogenannter ⟨Charakterdars⟩teller. Ich wunderte mich übrigens selbst, dass ich so ⟨ein⟩⟨er⟩ wirken konnte. Geradezu tragisch. Mal schnell zum Spiegel, um zu sehen, ob sich schon wieder eine Erfahrungskerbe einfurcht – verfluchte Eitelkeit.

Von der Eitelkeit sagt ein altes Sprichwort, sie fräße das Herz der Begabung.

Pina Bausch und Zaubertruppe

Ich wuchs in Wuppertal auf. Das Opernhaus, in dem Pina Bausch ihre Vorstellungen inszenierte, lag fünfhundert Meter Luftlinie von meinem Gymnasium entfernt. Als Neunzehnjähriger war ich heillos verliebt in mehrere Mädchen aus meiner Klasse, wobei sich die Gewichtung wöchentlich zwischen Andrea, Britta und Christiane verschob. Wer zu einem Mädchen sagte: «Wollen wir zu Pina Bausch gehen?», der hatte fast schon gewonnen, das dachte ich wenigstens. Da ich mir nie schön vorkam und meine Ausstrahlung als junger Mann nicht einschätzen konnte, tat ich weiterhin so einiges, um Frauen zu beeindrucken. Tanztheaterabende bei Pina Bausch gehörten eindeutig dazu. «Wir könnten ja anschließend noch beim Spanier ein Fläschchen köpfen oder irgendwo ein Kännchen Jasmintee trinken?», war der erfolgversprechende Standardspruch, der mehr oder minder gut ankam. Damals stand Jasmintee hoch im Kurs, ich hab ihn gehasst, doch Amors Wege fordern Tribut und manchmal Härte gegen sich selbst.

Am Ende ging ich mit Ute zu Bauschs Choreographie von *Le sacre du printemps*. Und dann saß sie sommerlich duftend neben mir in der Loge, alles war dunkel, und plötzlich schien ein Lichtstrahl auf den mit Torf bedeckten Bühnenboden. Die Tänzerinnen standen dichtgedrängt im Kreis, eine mit einem roten, durchsichtigen Flatterkleidchen, dahinter Tänzer in weiten schwarzen Hosen und mit nacktem Oberkörper, und die Musik von Strawinsky setzte ein. In diesem Moment passierte etwas mit mir, das noch atemberaubender war als die Frau neben mir. Ich hatte so etwas Aufregendes noch nie gesehen, elektrisiert ist überhaupt kein Ausdruck dafür. Ich stand in lodernden Flammen. Man konnte ohne Worte schauspielern. Ein Blick, eine Geste konnten mehr sagen als tausend Worte. Das ist zwar eine stehende Redewendung, aber ihre Gültigkeit bleibt unangefochten.

Daher bitte ich Regisseure, schwache Sätze aus dem Drehbuch zu entfernen und sie durch einen Blick oder eine Geste ersetzen zu dürfen. Kein guter Regisseur wird einem Schauspieler, der diesen Wunsch äußert, eine Überprüfung des problematischen Textes verweigern. Es gibt aber auch Drehbücher, in denen gibt es einfach keine schwachen Sätze.

Pina Bausch entwickelte als Nächstes die Choreographie zu Bertolt Brechts *Die sieben Todsünden der Kleinbürger* mit der Musik von Kurt Weill. Unzählige Male war ich in dieser Inszenierung, schlich mich heimlich in die Proben und fand heraus, in welche Kneipe die Tänzer und Tänzerinnen anschließend gingen – zu einem Spanier in Wuppertal-Elberfeld. Die Truppe der Verführer ließ sich leichter ansprechen, als ich angenommen hatte. Sie waren keine unnahbaren Götter. Offenbar fanden sie mich mit meiner Verehrung und Faszination ganz putzig. Damals war ich ein schmaler, gelockter Jüngling, irgendwann richtete einer von ihnen sogar das Wort an mich, und ich fühlte mich wie zum Ritter geschlagen, als ich mich zu ihnen an den Tisch setzen durfte.

An einem dieser Abende – wir waren alle nicht mehr ganz nüchtern – löcherte ich die Truppe wieder mal hartnäckig mit Fragen nach Details der Choreographie, und zwar nach einem bestimmten Bewegungsablauf im Stück. Kurz entschlossen knöpfte mir eine der Tänzerinnen mein Hemd bis zum Bauchnabel auf und malte mir zur Erklärung mit ihrem Lippenstift eine Zeichnung auf die nackte Brust. Der Wirt des Etablissements, ein strenger katholischer Patron, machte einen lauten Aufstand und wollte uns für alle Zeiten Hausverbot erteilen. Ich habe die roten Striche nicht abgewaschen, die Zeichnung hat sich schließlich ins Hemd verflüchtigt. An jenem Abend hatte ich eine andere Art zu leben berührt.

Aber ich wollte nicht nur derjenige sein, der verzaubert wird, ich wollte selbst zur Truppe der Zauberer gehören. Schon damals begriff ich, dass es nicht allein damit getan war, wie eine Fee etwas Goldstaub über die Köpfe der Menschen zu streuen. Es war mir auch klar, dass es eigentlich unmöglich war, solche magischen Momente allein hinzubekommen – es sei denn, man wäre so genial wie Charlie Chaplin oder Buster Keaton, aber auch die hatten Beleuchter, Maskenbildner, Bühnenbauer, Kostüme, Filmgeschäftsführer etc. gebraucht.

Nie wieder wollte ich dieses Gefühl verlieren, das das Ensemble von Pina Bausch in mir ausgelöst hatte. Bislang hatte ich immer nur von Amerika geträumt, doch dieser Traum verblasste vorläufig. Ich war einer Art zu leben begegnet, die ich mir auch für mich herbeisehnte. Auf einmal war mein

Horizont noch weiter geworden als der weiteste Himmel von Wyoming.

Ich wollte jetzt Schauspieler werden. In meiner Familie wusste keiner, wie man das anstellen musste. Meine Eltern hatten beide sehr schöne Stimmen, mit denen sie Hand in Hand nebeneinander gestanden und uns Kinder in den Schlaf gesungen hatten. Sie haben beide mit der Seele von Künstlern das Leben von Arbeitern geführt – mein Vater war Bergmann, meine Mutter schuftete neben der Erziehung von vier Kindern halbtags in der Kabelfabrik.

Als ich noch aufs Gymnasium ging, dachten meine Eltern, ich würde Exportkaufmann oder Simultandolmetscher werden oder eine Karriere bei der Bundeswehr machen – Kampfschwimmer in der Offizierslaufbahn, das wär's doch. Simultandolmetscher, das gefiel mir als Perspektive am ehesten, nachdem ich in irgendeiner Zeitung die berühmte Geschichte über Nikita Chruschtschow gelesen hatte. Nach seiner legendären Rede vor der Vollversammlung der UNO im Herbst 1960 zog Chruschtschow seinen linken Schuh aus und schlug damit, um seine Worte zu bekräftigen, heftig aufs Rednerpult. Angeblich soll sein Dolmetscher in diesem Moment genau das Gleiche getan haben.

Ist das ein geiler Beruf, dachte ich. Was ich viel später erst begriff: Nicht das Übersetzen hatte mich fasziniert, sondern die empathische Fähigkeit des Dolmetschers, sich so sehr in den sowjetischen Regierungschef hineinzuversetzen, dass er im selben Augenblick wie dieser den Schuh auszog und damit auf sein Übersetzerpult einprügelte.

Die einzige Vokabel, die ich in jenen Tagen im Zusammenhang mit dem Schauspielerberuf kannte, war «entdeckt werden». Also setzte ich mich in Wuppertaler Straßencafés. Dabei versuchte ich, so interessant auszusehen, dass irgendeiner der vielen hundert Regisseure und Produzenten, die ohne Zweifel durch die Wuppertaler Innenstadt liefen, nicht umhin kommen konnte, mich anzusprechen.

«Ey, so wie dich hab ich noch keinen an der Zigarette ziehen sehen, einen wie dich haben wir seit Monaten gesucht! Komm mit! Deine Rechnung ist schon bezahlt. Du kriegst die Hauptrolle! Na los!», würden sie sagen.

Damals lagen noch einige Jahre vor mir, bis ich das erste Mal auf der Bühne stehen sollte. Da konnte noch alles Mögliche schiefgehen.

Kapitel 3
BORN TO BE WILD

Der kleinere Kerl ist mein Bruder Erwin. Er wollte damals
Feuerwehrmann werden. Heute ist er Brandoberamtsrat bei
der Berufsfeuerwehr in Wuppertal – und hat zusammen mit
seinen Kollegen viele Leben gerettet.

Glatzkopf mit Schaufel und Narben

Das Zimmer, das ich mit Uwe und Erwin teilte, die Schule, die Stadt im Tal – alles war mir irgendwann zu eng. Seit ich mit fünfzehn Jahren im Kino *Easy Rider* gesehen hatte, flüchtete ich in meinen Träumen nach Amerika. Damals wollte ich als Fotograf dorthin, hatte mir durch Jobs als Hilfsbauarbeiter das Geld für eine Spiegelreflexkamera mit Wechselobjektiven zusammengespart und im Kinderzimmer ein Vergrößerungslabor eingerichtet, das meine Brüder nicht betreten durften, wenn ich Bildabzüge herstellte. Seitdem hatte meine Sehnsucht nach Weite, nach einem Horizont, der unendlich ist, ein konkretes Ziel. Ich zweifelte nicht: Amerika war das Land, welches das Schicksal für mich vorbestimmt hatte. Hier würde ich meine Aufgabe finden, meine Traumfrau, eine Harley-Davidson fahren und im milden Licht einer immerwährenden Morgensonne tun und lassen können, was ich für richtig hielt.

Ausbruch – das war der Plan, den ich mir über Jahre für meine Zukunft gemacht hatte. Ich wollte raus.

Der Wunsch, Schauspieler zu werden, schien für eine Weile alle anderen Pläne auszublenden. Schule war zu diesem Zeitpunkt für mich abgehakt, und die Zeugnisse fielen entsprechend aus. Ich kann mich noch erinnern, wie ich beim Konrektor der Schule antreten musste, nachdem feststand, dass ich eine Ehrenrunde zu drehen hatte. Der gute Mann bot mir einen Stuhl an und hielt mir anschließend einen gütigen Vortrag, der mit den wohlmeinenden Worten endete: «Und jetzt versuchen Sie bitte im letzten Jahr Ihres schulischen Werdegangs weniger Armin Rohde zu sein und dafür mehr ein Schüler dieser Anstalt.» Nach diesem Gespräch lief ich zum Schultor hinaus, besorgte mir erschwinglichen Rotwein und schnitt mir in der Nacht vor dem Badezimmerspiegel die schulterlangen Locken mit einer Nagelschere bis auf die Haut ab. Meine arme Mutter, die mich am nächsten Morgen für die Schule wecken wollte, fand ihren ältesten Sohn kahlköpfig und mit einem Dutzend blutiger Schnittverletzungen auf der Kopfhaut in seinem Bett vor.

Dass ich nicht mehr zurück aufs Gymnasium gehen würde, sagte ich meinen Eltern erst, nachdem ich einen Arbeitsvertrag als Eisenschaufler in einer Werkzeugfabrik unterschrieben hatte. Den Job hatte ich angenommen, weil ich das Geld brauchte, um meinen *Easy-Rider*-Traum zu realisieren. Das Visum hatte ich schon beantragt.

Die Fabrik, in der ich nach meinem Schulausstieg arbeitete, stellte Hammerköpfe und Meißel her. Mein Bereich war der Keller, wo ich an der Sandstrahlmaschine stand. Über einen Metallaufzug kamen Metallkisten, gefüllt mit circa sechzig Kilogramm heißen Eisenmeißeln und Hammerköpfen, herunter, an denen sich noch die grauen Schlacken des Härteofens befanden. Meine Aufgabe bestand darin, diese Kisten aus dem Aufzug zu ziehen, über den Boden bis zur Maschine zu schleifen, dort den Inhalt auszukippen. Schippe nehmen und rein mit dem Zeug in die Abstrahltrommel, und dann nach ein paar Minuten hieß es, alles wieder zurück in die Kisten und das inzwischen silbrig glänzende Metall mit dem Aufzug zurück nach oben. Ständig die gleichen Bewegungen. Von sieben Uhr morgens bis Viertel vor vier Uhr nachmittags, dazu fünfzehn Minuten Frühstückspause und eine halbe Stunde Mittagspause. Sieben Mark fuffzig Stundenlohn gab es dafür, heutiger Wert etwa drei Euro sechzig.

So wurde ich vom Fastabiturienten zum Helden der Arbeiterklasse, und in meinem Kopf lief als Soundtrack zu diesem nie gedrehten Dokumentarfilm John Lennons «Working Class Hero». Ich sah aus wie ein kahlköpfiger Kung-Fu-Mönch, fühlte mich einsam und verkannt, aber auch als Held der Arbeit. Ein halbes Jahr lang hielt ich das durch. Doch weil ich nicht unbedingt aussah, wie ich meinte, als Arbeiter aussehen zu müssen – kein gegerbtes Gesicht, kein stoischer Blick –, presste ich mir heißes Eisen in die Haut beider Unterarme. Jeder sollte sehen, womit ich tagtäglich umging. Keine der Narben war jedoch dramatisch genug, die Jahre zu überstehen, die seitdem vergangen sind.

Tupfer, bitte!

Zu den größten Fähigkeiten eines Schauspielers zählt es, den Beruf desjenigen, den man im Film darstellt, glaubhaft zu verkörpern. Dies gehört zu den schwersten Aufgaben, und da hat jeder seine eigene Methode.

Rollenvorbereitung heißt, sich Fähigkeiten anzueignen, die man vorher nicht beherrschte. Für den Räuber Hotzenplotz habe ich zu Hause tagelang mit Messern herumprobiert, in dem Fall war's das aber auch schon mit der Vorbereitung. Was hätte ich sonst tun sollen? Mich einen Monat nicht waschen und wie ein Waldschrat herumlaufen?

Wenn ich dagegen in einem *Tatort* einen Rockerboss spiele, ist es logisch, dass ich vorher Motorradstunden nehme, um nicht wackelig auf der Harley zu sitzen. Aber darüber hinaus? Da bin ich ratlos. Ich sehe mein ganzes Leben als Vorbereitung auf die nächste Rolle. Ich laufe stets mit offenen Augen und Ohren herum, und wenn ich nun eine spezielle Rolle spielen soll, fallen mir die jeweiligen Personengruppen automatisch verstärkt auf.

Manche Kollegen melden sich, wenn sie beispielsweise einen Altenpfleger spielen sollen, in einem Altenheim an, um zur besseren Einfühlung dort ein, zwei Wochen mitzuarbeiten. Eine derartige Realitätsnähe habe ich aber immer als zu großen Ballast empfunden. Sie blockiert meine Phantasie. Das mag für einige Schauspieler hilfreich sein, doch es ist nicht mein Weg, so leibhaftig in die jeweilige Materie einzutauchen. Bei gewissen Rollen könnte das vielleicht einmal notwendig werden, etwa in Lebensbereichen, über die ich fast gar keine Informationen habe. Aber ich habe kein Bedürfnis und sehe auch die Notwendigkeit nicht ein, mich zum Beispiel für mehrere Wochen in ein Gefängnis sperren zu lassen, um glaubhaft einen Strafgefangenen zu verkörpern. Es würde mir ausreichen, mich mit den Strafgefangenen ein paar Tage lang ungestört unterhalten zu können.

Dabei würde ich sie nach Spezialausdrücken fragen, die sie verwenden, und sie danach ausquetschen, was genau ihren Knastalltag ausmacht, welche Dinge ihnen da wichtiger oder unwichtiger sind als in ihrem Leben in Freiheit und welche Überlebenstechniken ein Mensch hinter Gittern braucht. Diese fundamentalen Informationen so umzusetzen, dass es für den Zuschauer anschaulich und glaubhaft wird, was es für einen Menschen bedeutet, wenn man ihn für mehrere Jahre wegschließt, ist dann der Arbeitsauftrag für Drehbuchautor, Regisseur und Schauspieler.

Das heißt, an dieser Stelle kommt die Phantasie ins Spiel, Faktenwissen geht spielerisch über in schöpferisches Erfinden. Ansonsten sind spätestens bei den Dreharbeiten Fachleute am Set, die uns bei berufsspezifischen Problemen beratend zur Seite stehen, zum Beispiel ein Chirurg, der mir zeigt, wie ich die Hände beim Vernähen einer Wunde bewegen soll, oder ein Friseur, der mir den gekonnten Umgang mit Kamm und Schere demonstriert. Ich operiere ja nicht wirklich einen kranken Menschen, sondern imitiere einen Vorgang, der für die Kamera so aussehen muss, als ob ich kann und weiß, was ich da treibe. Wenn es gelingt, sieht's dann im fertigen Film so aus, als hätte ich mein Leben lang nichts anderes getan, als jemandem ein neues Herz einzusetzen oder die neueste Frisur zu verpassen. Es leuchtet ein, dass Fähigkeiten wie etwa Bergsteigen, Reiten, Boxen etc. längerer Vorbereitungszeit bedürfen, und in dem Zusammenhang fällt mir sofort Benno Fürmann mit seiner unglaublichen Leistung als Bubi Scholz ein.

Letztlich muss man sich aber klarmachen, dass ein Spielfilm kein Dokumentarfilm ist. In einem Krimi würde man sonst neunzig Minuten lang einem Polizisten zuschauen, der im Einfingersuchsystem ein Protokoll in dreifacher Ausfertigung tippt. Und sollte ich, wenn ich einen Mörder spiele, etwa erst einmal ein paar Leute umbringen, um ein Gefühl dafür zu bekommen, wie es ist, wenn man Menschen tötet?

Wer liebt wen wie lange schon?

Lange Beziehungen darzustellen, das ist fast genauso schwierig, wie einen Beruf zu verkörpern. Angenommen, in einem Drehbuch geht es um ein Paar, das seit fünfundzwanzig Jahren verheiratet ist. Wie spielt man so etwas gleichsam aus dem Nichts? In keiner Szene zuvor wurde die Beziehung dieser beiden Menschen angesprochen. Wie also ein Vierteljahrhundert Ehe für den Zuschauer deutlich machen? Eine viel zu banale Lösung wäre, einen der beiden einen Satz sagen zu lassen wie: «Schatz, wir sind jetzt fünfundzwanzig Jahre verheiratet, was machen wir denn die nächsten fünfundzwanzig Jahre miteinander?»

Wenn ich eine solche Szene mit Schauspielerinnen drehe, mit denen ich schon gespielt habe, ist es sicherlich leichter, innerhalb weniger Sekunden diese Behauptung glaubwürdig aufzustellen. Wie wir uns anschauen, wie wir aufeinander eingehen oder nicht – man weiß sofort, diese beiden Menschen steuern auf die Silberne Hochzeit zu oder haben sie gerade hinter sich gebracht. Lange erklärende Dialoge sind dann nicht nötig.

Bei den Dreharbeiten zur dritten Folge der Krimireihe *Bella Block* spielte ich einen Mann, der nach zwölf Jahren Zuchthaus zu seiner Frau nach Hause kommt und zum ersten Mal wieder mit ihr schläft. Die Kollegin und ich waren uns bis dahin noch nie begegnet, und wir sollten uns laut Drehbuch halb nackt auf einer Couch nahe kommen. Dabei musste zugleich glaubwürdig gemacht werden, dass wir seit vielen Jahren miteinander verheiratet waren, zwölf Jahre lang nicht mehr miteinander geschlafen hatten, einander fremd geworden waren und der erste Beischlaf nach der langen Zeit gerade eben stattgefunden hatte. Die Szene hatte die Produktion direkt für den allerersten Drehtag angesetzt. Das Ergebnis fiel entsprechend aus.

Wochen später, nachdem die Kollegin und ich schon mehrere Ehestreits gespielt und uns näher kennengelernt hatten, ermöglichte die Produktionsfirma einen mit Extrakosten verbundenen Nachdreh. Sehr zur Freude des Regisseurs und von uns Schauspielern.

Wie besoffen bin ich eigentlich?

Schauspielschülern erzähle ich gerne eine uralte Theateranekdote zum Thema Suff und Spiel.

Ein junger Kollege kommt zu einem älteren Schauspieler und sagt: «Herr Kollege, ich habe da ein Problem. In dem Stück, in dem ich gerade mitmache, muss ich im ersten Akt leicht beschwipst auftreten. Wie stelle ich es an, dass mir das Publikum das auch abnimmt?»

«Das ist überhaupt kein Problem», antwortet der ältere Schauspieler. «Du gehst vorher in die Kantine und trinkst da ein, zwei Gläschen Cognac.»

«Aha», erwidert der junge Kollege. «Es ist aber so, dass ich im zweiten Akt richtig betrunken sein muss.»

«Dann gehste noch mal in die Kantine, trinkst noch mal drei Cognac, und danach hast du's.»

«Na ja», wendet der junge Kollege ein, «aber im dritten Akt muss ich wieder stocknüchtern sein.»

«Ja, Männeken, das musste dann spielen.»

So schwierig ist es natürlich nicht mit dem «Betrunkenspielen». Es ist noch schwieriger.

Es fängt damit an, dass Alkohol auf unterschiedliche Menschen eine sehr unterschiedliche Wirkung haben kann. Eine ungemein beliebte und verbreitete Art zu zeigen, dass man sich einiges hinter die Binde gegossen hat, besteht darin, mit schwerer Zunge an der Grenze zur Verständlichkeit zu lallen und dabei heftig zu schwanken und zu torkeln. Das kann man auf diese konventionelle Art machen, aber es gibt nur wenige Meister, die dabei auch noch interessant und überzeugend wirken. Selbst erfahrenen, guten Schauspielern unterläuft die Fahrlässigkeit, «betrunken» als den Gesamtzustand ihrer Figur aufzufassen und damit als Gelegenheit, mal so richtig «die Sau rauszulassen», ohne genauer hinzuschauen.

Das heißt, ich muss mich fragen: Trinke ich aus Verzweiflung oder Übermut? Waren es fünf Wodka oder fünfzehn Gläser Bier? Auf leeren oder vollen Magen? Trinke ich in einer Situation, in der Saufen angesagt ist, wie bei einem Betriebsausflug? Und wenn Betriebsausflug: Ist dann der Chef dabei, und ich muss mich auf einmal zusammenreißen? Wie sehr bin ich an Alkohol gewöhnt? Will ich vergessen oder entspannen? Und wie viel vertrage ich eigentlich?

Als junger Schauspieler ist man immer bis ins Knochenmark hinein verspannt und verunsichert, wenn man etwas darstellen soll, womit man noch keine Erfahrung hat. Man ist aufgewühlt, weil man alles so furchtbar ernst nimmt. Als Anfänger dachte ich bei manchen Schwierigkeiten, die bei einer Rolle auftauchten, dass ich zu blöd und unbegabt wäre, sie zu lösen. Aber es gibt Aufgaben, die sind nun mal schwer, weil sie eben schwer sind, und nicht weil ich zu doof bin, sie zu lösen. Bange machen gilt nicht, und die Kompliziertheit einer Lösung darf mich nicht bis hin zur Arbeitsunfähigkeit verunsichern und einschüchtern. Also weg von sich selbst und den gekränkten Gefühlen und alle Konzentration der Aufgabe gewidmet.

Eine nette, kleine Übung dafür sieht so aus: Stellen Sie sich vor, auf Ihrer offenen Handfläche wartet ein kleines Segelschiff. Stecken Sie Ihre Grübeleien in solide kleine Kisten, stellen Sie die Kisten aufs Deck des kleinen Segelschiffes, pusten Sie herzhaft in die Segel, und winken Sie dann: Goodbye, Adios, Adieu ...

Eifersucht und Ehrgeiz

Ich war stolz auf meine Brandnarben. Was damals in mir vorging, konnte ich mit ihnen herzeigen, ohne es aussprechen zu müssen.

Wenn ich aber danach gefragt wurde, fiel meine Antwort

sehr ausführlich aus. Alles in mich hineinfressen war nicht mein Ding. Wenn ich früher Liebeskummer hatte, war ich überzeugt, das Ende der Welt sei angebrochen, sie müsse für mich untergehen. Ich schrie tagelang herum, heulte mir die Augen aus und die Nase wund, trommelte mir auf die Brust, trat vor Eifersucht dabei betrunken Türen und Wände ein. Meine Freunde diskutierten ernsthaft, ob es nicht besser sei, mich in die nächste Psychiatrie einzuliefern. Aber irgendwann fand ich das selbst nur noch albern, theatralisch und auf Dauer auch nicht zu bezahlen. Nach ein paar Wochen Drama war dann alles vorbei. Von einem Tag auf den anderen stürzte ich mich in die nächste Liebesaffäre. Leide und vergiss! Wenn es nicht so wäre, würde ich heute möglicherweise unter einer Brücke leben oder hinter geschützten Mauern. Zumindest betreutes Wohnen wäre angesagt.

Welche Wirkung mein nahezu manisches Verhalten auf andere hatte, wollte ich oftmals nicht wahrhaben, sondern deutete meine Exaltiertheiten gerne als genialisch. Sich selbst derart misszuverstehen wäre für die Arbeit eines Schauspielers eher hinderlich bis verheerend.

Von Schauspielern wird erwartet, dass sie ihr Innenleben in ständiger Einsatzbereitschaft halten und für die Arbeit zur Verfügung stellen. Es gibt Schauspieler, die eine ungeahnte Qualität auf die Bühne oder vor die Kamera bringen, wenn sie während der Dreh- und Probenzeit von einem schräg gelagerten Regisseur gedemütigt, verunsichert und vorgeführt werden. Für diese Spezies empfinde ich tiefes Bedauern. Ich bin der unumstößlichen Überzeugung, dass ein Mensch, und Schauspieler zähle ich stur dazu, nur dann seine besten Fähigkeiten entfaltet, wenn er mit hartnäckig ermutigendem Respekt und unermüdlicher Neugier zur Bestleistung verführt wird. Sollte das nicht funktionieren, dann haben sich eh die falschen Leute zusammengetan. Oder die richtigen ...

Irgendwann wird die Bereitschaft, sich zu öffnen, zur Gewohnheit. Gewohnheit klingt grau und langweilig, aber sie hat für mich etwas sehr Stabilisierendes und Beruhigendes. Sagen wir doch lieber: Zu spielen und mich dafür zu öffnen ist mir zur sonnigen Gewohnheit geworden. Dabei bin ich Profi, und keiner muss befürchten, dass ich eine Wand eintrete oder meine Seelenlage hinausschreie, es sei denn, es gehört zu meiner Rolle.

Die Bereitschaft, sein Innerstes nach außen zu kehren, andere daran teilhaben zu lassen, was sich in mir bewegt, ist eine Grundvoraussetzung für den Schauspielerberuf. Es ist die Bereitschaft, mir bei meinem Tun, Fühlen und Denken zuschauen zu lassen und dabei auch Peinlichkeiten nicht zu scheuen. Besonders zu Anfang der Schauspielerlaufbahn müssen diese Bereitschaft und das Bedürfnis danach die größte Wichtigkeit haben. Als ich selbst Schauspielunterricht gab, hörte ich von einigen Schülern, dass sie davor Angst hätten. Ich fragte mich, wieso will so jemand Schauspieler werden, warum sucht er sich nicht einen Beruf aus, bei dem ihm nicht so sehr auf die Finger geschaut wird, in dem er in dieser Hinsicht geschützter ist?

Es geht nicht anders, man muss sich unter Umständen neben einem großen Kollegen behaupten können, der einen Ruf wie ein Donnerhall hat, der Respekt einflößt bis zum Rückwärtsgehen. Wer das nicht aushalten kann und keine Art findet, charmant zu kämpfen und notfalls auch charmant zu verlieren, sollte besser einen anderen Weg einschlagen.

Natürlich gibt es auch da wieder das Gegenteil. Weil nicht alle Schauspielschüler Spielangst haben und bei Berufsanfängern die Selbstentblößung im Vordergrund steht, sind sie oft unerträglich – bis sie irgendwann merken, wie schwer es ist, auch nur halb so gut zu sein wie der erfahrene Kollege, den sie gerade in Grund und Boden kritisiert haben. Aber für den Start sind Größenwahn und Ehrgeiz absolut notwendig. Man muss unglaublich viel von sich selbst halten, sonst kann man die nötige Schubkraft nicht entwickeln, die man braucht, um es weit nach vorne zu bringen, um Demütigungen und Beschämungen auszuhalten. Diese treten nicht gerade vereinzelt auf, und in jeder normalen Firma würden angesichts der Schärfe die Mitarbeiter beim Betriebsrat Schlange stehen und sich Beschwerdetermine geben lassen.

Wie gut bin ich eigentlich?

Bei einigen Kollegen vom Theater war ich regelrecht verhasst, weil ich mir kaum Vorstellungen angesehen habe. Und ich hatte mich in meiner Theaterzeit zwischendurch auch selber im Verdacht, dass ich mich nur deshalb für einen außergewöhnlich guten Schauspieler hielt, weil ich überhaupt nicht wusste, wie die anderen spielten.

Abgesehen davon, dass ich in Menschenmengen schnell Beklemmungen bekomme, habe ich im Zuschauersaal immer das Gefühl, auf der falschen Seite zu sitzen. Auf der Bühne wird gearbeitet, und ich sitz hier im Dunkeln rum und schaue nur zu. Kann ich nicht. Beherrscht der Kollege auf der Bühne meiner Meinung nach seine Rolle nicht, habe ich Angst, ich könnte in solchen Situationen aufstehen und seinen Text laut mitsprechen. Ist andererseits der Kollege auf der Bühne so brillant, dass es mich fast einschüchtert – wie soll ich mich nach einem so phantastischen Kollegen jemals wieder auf die Bühne wagen?

An der Stelle herzlichste Grüße an Michael Maertens.

Anfang der Achtziger sah ich in Frankfurt Giorgio Strehlers Goldoni-Inszenierung *Diener zweier Herren*. Der Truffaldino in diesem Gastspiel fegte als unglaublicher Derwisch über die Bühne, ein artistischer Kobold, ein junger, feuriger, unfassbar witziger Wirbelwind, ein wildes Tier, ein Dämon. Als dieser Arlecchino am Ende der Aufführung seine Ledermaske abnahm, verneigte sich vor uns im donnernden Applaus ein bescheidener Endfünfziger mit grauem Haar und asketischem Gesicht. Ich hatte einen Theatergott gesehen. Ich musste mich zusammenreißen, nicht auf die Knie zu fallen, um ihn anzubeten. Noch heute bin ich heilfroh, dass ich mich damals doch in den Zuschauersaal wagte.

Zur Begabung, das eigene innere Erleben einer Figur zur Verfügung zu stellen, sodass es für den Zuschauer sehenswert ist, kommt das Handwerk hinzu. Begabung hat man, oder man hat sie nicht. Sie ist kein Verdienst, sie ist Gnade. Und dann beginnt die Arbeit.

Das heißt: Wie geht man an einen Text heran? Wie nähert man sich einer Situation? Wie geht man auf den Partner ein? Wie schaut man sich an? Wie hört man zu? Welche neuen Fähigkeiten brauche ich für meine Rolle?

Auf dieser nüchternen, dieser handwerklichen Ebene kann sich in kostbaren Momenten das wunderbare Gefühl einstellen, dass alles stimmt. Auf einmal greift eins ins andere, der Ton ist richtig, der Blick, die Konstellation der Personen, die Pausen. Alles wird ganz still, weit, hell und leicht. Nach solchen Momenten ist man als Schauspieler süchtig. Ich spiele – und mit dem kleinsten Zucken bewege ich die Moleküle der

Als Emil Jannings, Professor Unrath, in *Marlene*

Luft. Auf einmal entsteht eine Magie, eine Verwandlung, ein unfassbarer Gleichklang der Welt.

Oh say, can you see by the dawn's early light ...

Als im Frühsommer 1976 das Visum für die Vereinigten Staaten nach monatelangem Warten endlich eintraf, hatte ich mein als «Held der Arbeiterklasse» verdientes Geld fast schon wieder verjubelt. Meine Freunde und ich hockten bis in die frühen Morgenstunden hinein in einem kleinen griechischen Lokal, flipperten am Evel-Knievel-Automaten und tranken klebrigen Likörwein bis zum Abwinken – und mitunter bis zum Umfallen. Dabei ging eine Menge drauf für gute Nächte und schöne Tage. Als ich endlich mein Visum ausgehändigt bekam, hatte ich umgerechnet nur noch tausend Dollar in der Tasche, und das sollte ein ganzes Jahr lang reichen.

Im Winter 1976 landete ich bei minus zwanzig Grad Celsius auf dem Kennedy Airport. Von meinem Hotelzimmer im dreiundzwanzigsten Stock des YMCA blickte ich auf leuchtende Hochhäuser, und immer wieder musste ich es mir selber sagen: «Ich bin in New York, in New York, ich bin in Amerika...»

Nach einem kleinen Streifzug durch Manhattan, bei dem ich mir etwas zu essen besorgte, schaute ich den Rest der Nacht Fernsehen. Ich fand es unglaublich, zwischen mindestens zwanzig Sendern wählen zu können, und hörte mich so auch in die Sprache ein.

Am nächsten Tag flog ich weiter nach Milwaukee im Bundesstaat Wisconsin, ungefähr zweihundert Meilen nördlich von Chicago gelegen. Wer früher in Illinois Mist gebaut hatte, konnte einfach über die Grenze nach Wisconsin und war in Sicherheit. Das FBI gab es erst ab 1935, und die Staatspolizei hatte keine Befugnis, den Täter über die Grenzen hinaus zu verfolgen. In gewisser Weise merkte man Racine und Kenosha – meinen eigentlichen Bestimmungsorten – an, dass sie einst ein Auffangbecken für Kriminelle waren. Festzumachen war das nicht an konkreten Dingen, die Städte hatten eine seltsame Ausstrahlung. Vielleicht spukten mir aber auch nur die Erinnerungsfetzen der Lektüre mehrerer hundert Jerry-Cotton-Hefte durch die Hirnwindungen.

Nach Racine in Wisconsin zu gehen, erscheint auf den ersten Blick nicht einleuchtend. Chicago oder Los Angeles hätten besser zu meinen Träumen gepasst. Aber die Freundin, mit der ich damals zusammen war, befand sich gerade dort und hatte sich dafür eingesetzt, dass ich das Visum bekam. Eigentlich hätte ich Deutschland nicht verlassen dürfen, denn ich hatte den Kriegsdienst verweigert und sollte stattdessen meinen Zivildienst absolvieren. Sicher, das wollte ich auch, aber nicht gerade jetzt! Ich wollte raus. Und so hatte ich mir überlegt, ich könnte in irgendeiner Form Sozialarbeit in Amerika machen. Vielleicht würden sie diese Tätigkeit ja in Deutschland im Nachhinein anerkennen.

Annette war durch den Internationalen Jugendaustauschdienst nach Racine gelangt. Sie arbeitete in einer Kindertagesstätte und wohnte bei Gasteltern, bei denen auch ich anfangs eine Unterkunft bekam. Durch mein Wörterbuchstudium und da ich *Easy Rider* mehrfach gesehen hatte, war ich der Ansicht, dass ich sehr überzeugend sein würde mit meinem Amerikanisch. Schnell musste ich aber feststellen, dass meine Freundin, die nun schon seit vier Monaten in den Staaten weilte, mir inzwischen sprachlich weit überlegen war. Auf einmal war ich der kleine Depp. Aber nicht nur der kleine, ich war auch der ganz große Depp. In den vier Monaten unserer räumlichen Trennung hatte ich zu Hause mit fast sämtlichen ihrer Freundinnen was angefangen und geglaubt, damit durchzukommen. Nachdem ich einen Monat dort war, kam der erste Brief. Leugnen war zwecklos, und ich musste mir eine neue Unterkunft suchen.

Eine Zeit lang wohnte ich bei Daniel Ramirez, einem Chicano. Er hatte einige Jahre Knast hinter sich, wegen Drogen und Zuhälterei, hatte im Gefängnis angefangen, Gedichte zu schreiben, und leitete jetzt das Spanish Center, eine Beratungseinrichtung für mexikanische Einwanderer, in dem ich während der Zeit, die ich bei ihm wohnte, auch arbeitete oder eher herumlungerte – irgendwo im Nirgendwo zwischen Racine und Kenosha. Jetzt war er Gentleman vom Scheitel bis zur Sohle.

Das Geld ging mir langsam aus, wegen des kalten Winters waren meine tausend Dollar weitestgehend für warme Kleidung, Roastbeefsandwiches und Tacos draufgegangen. Inmitten des Nirgendwo, auf einem freien, tiefverschneiten Feld, lag die University of Wisconsin. In der Cafeteria lernte ich Glen Christensen kennen, der an der Uni mit einer Theater- und Filmgruppe arbeitete, an einem Buch über den atomaren Holocaust schrieb und schneller sprach, als ein Maschinengewehr schießt. Die einzige Chance, um mit ihm mithalten zu können, bestand darin, noch schneller zu sprechen als er. Mit Glen freundete ich mich an und hoffte weiterhin, Leute kennenzulernen, die mich interessant genug fanden – immerhin kam ich doch aus Deutschland –, dass sie mir einen Hamburger spendierten. Weil ich nie wusste, wann es das nächste Mal was zu essen geben würde, hatte ich dauernd Hunger.

Ein paar Studenten luden mich ein, mit ihnen einen Pkw von Chicago nach San Francisco zu überführen. In der Nähe von Salt Lake City, im wunderschönen Mormonenstaat Utah, platzte ein Vorderreifen, und der Wagen schlitterte in den Graben. Blöderweise saß ich gerade am Steuer. In San Francisco angekommen, setzten sie mich kleinen, bankrotten Unfallfahrer am Hafen aus.

Zum Glück fiel mir ein, dass fünfzehn Jahre zuvor meine Patentante mit Mann und Sohn nach Los Angeles ausgewandert war. Ich bettelte mir einen kleinen Dollarbetrag zusammen, fand ihre Telefonnummer heraus und rief sie an. Und – wurde nicht eingeladen. Stattdessen gab sie mir den Tipp, meinen Cousin aufzusuchen, der in San Francisco als Sanitäter stationiert war. Vom Hafen bis zur Armeeanlage an der Golden-Gate-Brücke war es nicht weit. Obwohl ich mit meinen langen Haaren und dem speckigen Rucksack nicht gerade aussah wie ein Soldat der US-Army, konnte ich das Gelände merkwürdigerweise ohne irgendeine Kontrolle betreten.

Ich fragte mich durch nach dem Private Harald Bayer und landete so auf der elften Etage des Krankenhauses, wo just in dem Moment, als ich aus dem Aufzug stieg, ein Sanitäter den Flur herunterkam, der fast so aussah wie mein Bruder Erwin. Er erkannte mich nicht sofort. Als ich ihn ansprach, hielt er mich zuerst für einen Tramper, den er mal mitgenommen hatte. Nach fassungslosem Erkennen bot mir mein Cousin tatsächlich an, bei ihm in der Kaserne zu schlafen. Seine Kameraden in dem Viermannzimmer hatten wundersamerweise nichts dagegen. In den folgenden Wochen schlief ich immer im Bett desjenigen, der gerade Nachtwache hatte. Aus der Kantine brachten die Jungs mir Sandwiches mit, sonntags nahmen sie mich dahin mit, und ich aß wie ein Hungerleider im Schlaraffenland. Mein Gewicht lag 1977 bei unglaublichen fünfundsechzig Kilogramm. Ihre Freizeit verbrachten wir gemeinsam mit Kiffen und Biertrinken.

An einem dieser Abende zogen mein Cousin und sein Freund Amos ihre Ausgehuniformen an und verkündeten todernst, sie würden in der Nacht von der Brücke springen. Obwohl ich selbst völlig umnebelt war, konnte ich sie dazu bewegen, auf der Stube zu bleiben und lieber noch eine Tüte zu rauchen. Am folgenden Abend legte Amos alleine seine Galauniform an und verschwand unbemerkt. Um fünf Uhr am nächsten Morgen wurde ich durch beunruhigende Geräusche geweckt: auf allen Fluren Trillerpfeifen und Stiefelscharren. Ich raffte in Panik meine Klamotten zusammen, flüchtete barfuß und unvollständig bekleidet aus der Kaserne und schlief die nächsten Nächte in einem unverschlossenen Auto auf dem Parkplatz hinterm Hospital.

Amos war tatsächlich von der Brücke gesprungen, mit einem Stahlseil um den Hals, und es hatte anonyme Hinweise gegeben, dass weiße Rassisten dahintersteckten. Amos war ein dunkelhäutiger neunzehnjähriger Junge von den Virgin Islands gewesen. Mein Cousin, als sein bester Freund, sollte den Sarg mit der amerikanischen Flagge bei der Überführung in die Karibik begleiten.

Ich war also wieder komplett auf mich allein gestellt und bettelte mir in der Innenstadt das Geld für ein Ferngespräch nach Deutschland zusammen. Mein alter Freund Rainer Trapmann, der mich in den Jahren zuvor schon aus so mancher Patsche gerettet hatte, schickte mir fünfhundert Dollar, und ein paar Tage später kaufte ich mir ein Greyhound-Ticket nach Wisconsin. Meinen Cousin hab ich nie wiedergesehen. Jahre später habe ich erfahren, dass man ihn in einem kleinen Apartment in Los Angeles tot in einem Sessel sitzend aufgefunden hat. Er war an einer Überdosis Heroin gestorben.

Zurück im kalten Norden, zog ich zu Glen und ein paar andern Jungs, die in einem kleinen Holzhäuschen mit mehreren Apartments wohnten. Unseres befand sich direkt unter dem Dach, eine lange Holztreppe führte an der Außenwand des Hauses hinauf. Rhinelander hieß der Ort, eines von den vielen kleinen Nestern im Norden Wisconsins. Wir haben damals mehr gekifft als etwas gegessen. Eigenartigerweise hat das Geld für Gras immer gereicht, für Lebensmittel war dagegen nie genug da.

Mit Glen, Ron und Anne Broomell gründete ich nach einer langen durchzechten Nacht eine Band. Gemeinsam stellten wir schnell unser «Repertoire» zusammen, das aus Cohen, Dylan und Bluegrass-Titeln bestand, und traten in diversen Dinnerclubs der näheren Umgebung auf. Meine Partner spielten Banjo, Gitarre und Querflöte, ich konnte nur Mundharmonika und Gesang anbieten – eines der großen Versäumnisse meines Lebens besteht darin, nie ein anderes Musikinstrument gelernt zu haben wie etwa Klavier, Saxophon oder eben auch Gitarre. Wir spielten für ein warmes Essen, und nach Beendigung unserer Auftritte ließen wir den Hut herumgehen. Ehrlich gesagt: Wir waren bestenfalls viertklassig.

Steven, einer der Apartment-Mitbewohner, hatte in diesen Tagen unserer musikalischen Karriere unter der Wirkung von LSD einen religiösen Flash und wollte für eine Zeit ins Kloster. Aus diesem Grund stellte er uns seinen Pick-up-Truck mit offener Ladefläche zur Verfügung. So konnten wir *on tour* gehen und zogen auch gleich los. Zuerst fuhren wir entlang der großen Seen, Lake Michigan, Lake Superior, und nahmen hin und wieder eine Spelunke in irgendeinem Kaff mit. Danach ging es bis hinauf nach Kanada, wo wir uns ein paar Stunden Arrest an der Grenze einfingen, weil sie ein Marihuana-Saatkorn im Aschenbecher unseres Pick-ups fanden. Wir traten in Quebec und Montreal auf und eroberten schließlich St. John in der Provinz New Brunswick. Zwischendurch nahmen wir LSD und glaubten, wahrhaft große, bedeutende Musiker zu sein. Ich überließ Ron und Glen das Fahren und lag hinten auf der Ladefläche, wo ich es mir in einem Schlafsack neben Anne bequem gemacht hatte. So hatte ich mir mein Leben vorgestellt, eine Reise unter freiem Himmel durch eine grenzenlose, schöne Landschaft.

Wir nannten uns «International Music Group Many Waters», wobei das einzig Internationale an der Band war, dass ich aus Deutschland kam und Ron einen kanadischen Pass hatte. Zudem führte der Name zu Missverständnissen. Nicht wenige dachten, wir hätten was mit dem berühmten Blues-Sänger Muddy Waters zu tun. Zum Glück für uns. Ohne dieses Missverständnis hätten wir bei unserem Talent wohl kaum einen Auftritt klarmachen können. Die Gage, die wir erhielten, war eher Mitleidsbonus, auch wenn es inzwischen tatsächlich mal ein paar Dollars gab und nicht nur einen Teller Suppe. Manchmal wurden wir vorab gebeten, doch länger zu bleiben. Nach unserem ersten Konzert war davon jeweils keine Rede mehr. Und gelegentlich kamen wir auch gar nicht weiter als bis zu den Türen der Etablissements, weil wir nur verschlissene Klamotten am Leib hatten und oft auch nicht besonders gut rochen. Hotelübernachtungen mit Duschgelegenheit waren bei unseren Einnahmen die Ausnahme.

Von unserer Karriere als Musiker hatten wir daher bald genug und machten uns auf den Weg zurück. In der Zwischenzeit war es Sommer geworden, noch war mein Amerika-Jahr nicht um. Ich hatte zwar schon länger Heimweh, aber das hätte ich nicht einmal vor mir selbst zugegeben.

In Rhinelander gab es ein College, an dem die Studenten gerade eine Musicalproduktion einstudierten. *The Boy Friend* von Sandy Wilson, mit sehr vielen Tanzeinlagen. Als ich bei den Proben zuschaute – sie hatten gerade erst damit begonnen –, fragten sie mich, ob ich mitmachen wolle. Da ich sowieso nichts anderes vorhatte, sagte ich zu. Bevor ich auf den Holztreppen unseres Apartments meine Tage vertrödelte, konnte ich besser am Tanztraining teilnehmen: zehn Stunden täglich Charleston, Jive und Boogie-Woogie.

Auch wenn ich den *Easy-Rider*-Traum noch immer träumte, mittlerweile akzentfrei amerikanisches Englisch sprach und mich im Land der unbegrenzten Möglichkeiten aufhielt – auf die Idee, Hollywood-Schauspieler zu werden, wäre ich im Leben nicht gekommen. Der Wunsch, Schauspieler zu sein, war durch die Wuppertaler Tanztruppe untrennbar mit der Theaterwelt in Deutschland verknüpft.

Das Training am College in Rhinelander war hart, insgesamt dauerte es sechs Wochen. Meine Rolle bestand aus einem einzigen Satz: «*Mademoiselle Maysi, tonight you and I will dance the two-step together, yes?*» Meine Aufgabe bestand darin, ihn mit einem französischen Einschlag zu präsentieren und aufzupassen, dass mir dabei nicht ständig der Glitzerhut meines unsäglich albernen Kostüms ins Gesicht rutschte. Klar, als deutscher Ausländer war ich dafür die perfekte Besetzung. Ebenso klar, dass mit diesem Satz kein Blumentopf zu gewinnen und kein Frauenherz zu erobern wäre, egal wie toll ich ihn sagen würde. Keine Chance, kleiner Gockel.

Von wegen Frauenherzen. Große Probleme bereiteten mir die strengen Dating-Rituale der Amerikaner, denn ich begriff den einzuhaltenden Code einfach nicht. Mochten die hiesigen Männer Spaß daran haben, ich konnte mit diesen ganzen Regeln bei Verabredungen nichts anfangen.

Ich hatte allmählich genug und brach meine Zelte in Wisconsin ab, um per Anhalter nach New York zu trampen. Ein verkifftes Pärchen, das gerade von Elvis Presleys Beerdigung zurückfuhr, nahm mich mehrere hundert Meilen weit mit. Wir rauchten ein paar Tüten, zu essen hatten sie auch was, und am nächsten Morgen stolperte ich mit dicken Augen aus ihrem plüschigen Van an den Straßenrand. Sie fuhren ab, und auf einmal fiel mir auf, dass etwas fehlte. Meine Kamera samt Objektiven war weg, und in meiner Jackentasche fand ich eine Postkarte aus Memphis. Auf der Rückseite stand in krakeliger Schrift: «*Sorry! Cleptomaniac. Understand?*»

Okay, der liebe Gott wollte mich wissen lassen, dass meine Karriere als Fotograf hiermit beendet war. In Rhinelander hatte ich aber immerhin eine Kiste stehen lassen mit Erinnerungsstücken und vielen hundert Fotos. Meine Freunde wollten sie mir ein paar Wochen später nach Deutschland schicken.

Das Holzhaus brannte im Herbst ab und mit ihm die gut gefüllte Kiste. Nur die Kiste – Gott sei Dank.

Kapitel 4

«SPRICH MICH NICHT AN, ICH BIN IN DER ROLLE.»

1979: als Angestellter des Arbeitsamts im
Börsentheater in Wuppertal

Unfreiwillig komisch

Zurück in Deutschland, stellte ich mich nach ein paar Wochen Eingewöhnung in der alten Heimat beim Arbeitsamt vor, und zwar auf der Etage für Künstler und Freischaffende. Der zuständige Sachbearbeiter fragte nach meiner letzten Tätigkeit, und ich erzählte stolz von meiner Musical-Erfahrung in Rhinelander und führte ihm zur Verdeutlichung ein paar von den Charleston-Schritten vor, die ich wochenlang trainiert hatte. Mit dem saudoofen Mademoiselle-Maysi-Satz würde ich auch diesen Menschen nicht beeindrucken können, das war mir klar.

«Nee, nee, so was mein ich nicht», hörte ich von ihm. «Womit haben Sie zuletzt Ihr Geld verdient, und zwar in Deutschland?», fragte er weiter.

Da hatte ich außer der Sache mit dem Eisenschaufeln und sechs Wochen Postsortierbüro bei einem Staubsaugerhersteller nichts zu bieten, und die zwei Jahre als Busbegleiter auf dem Europabus rissen die Sache auch nicht raus. Also schickte er mich zwei Etagen tiefer, und auf dem Flur stand ein Schild mit der Aufschrift «Hilfsarbeiter und unstetig Beschäftigte». Damit fühlte ich mich aber überhaupt nicht gemeint und verließ die Bundesanstalt für Arbeit zwar unverrichteter Dinge, aber mit einem Anflug von Erleichterung und dem fröhlichen Vorsatz, mit solchen Leuten vorerst keinen Kontakt mehr aufzunehmen. Da holte mich auch schon der Zivildienst ein.

Ich arbeitete im Hals-Nasen-Ohren-Operationssaal des Klinikums in Wuppertal-Barmen und war dafür zuständig, den OP-Tisch vorzubereiten, während der Operationen für kleine Handreichungen bereitzustehen und danach den Tisch wieder zu säubern. Ab sechs Uhr früh stand ich da in meiner grünen, sterilen Kleidung: Kittel, Häubchen, Mundschutz. In dieser Zeit trennte sich gerade wieder eine Freundin von mir, der ich zu anhänglich und chaotisch war.

Die Mischung aus OP und Verlassenwerden brachte mich an den Rand der Verzweiflung, und ich suchte in meiner Not einen Psychiater auf. Da ich aber das Gefühl hatte, traurig alleine reiche nicht aus, besorgte ich mir Fachbücher über das Thema manische Depression, um dem Arzt ein entsprechendes Krankheitsbild anbieten zu können. Er schrieb mich tatsächlich für mehrere Wochen krank. Danach suchte ich noch ein halbes Dutzend weiterer Psychiater auf, bis mich schließlich ein Amtsarzt aus dem Dienst musterte. Ich war endlich wieder ein freier Mann.

In der gewonnenen freien Zeit war ich immer häufiger in der «Börse» anzutreffen. In diesem Kultur- und Kommunikationszentrum gab es unter anderem eine Amateurtheatergruppe, die äußerst aktiv war. Wir schrieben Texte und führten einmal sogar eine Sechziger-Jahre-Revue im Foyer des Schauspielhauses auf. In einem der Sketche ging es um Arbeitslosigkeit. In einer ersten Version spielte ich den Herrn Piontek, einen kleinen, hilflosen Arbeitsuchenden, der mit seinen langen Haaren sowieso nie einen anständigen Job finden würde. Diese Rolle gefiel mir jedoch überhaupt nicht. Arbeitslos, klein, hilfsbedürftig und langhaarig war ich selbst. Das kam mir störend bekannt vor.

Nachdem ich das deutlich zum Ausdruck gebracht hatte, durfte ich den Angestellten spielen, der auf der anderen Seite stand und von dessen Launen die Arbeitssuchenden abhängig waren. Angestellter des Arbeitsamts – damit konnte man als großer Held beim Publikum zwar auch keine Stiche machen, aber ich hatte Spaß dabei, ihn als Spießer anzulegen.

Sehr bieder. Sehr moralisch. Sehr cholerisch. Plötzlich war der Knoten geplatzt. Dieser Arbeitsamtsmensch hatte nun wirklich nichts mehr mit mir zu tun, und ich hatte auf einmal keine Hemmungen mehr, die mich davon abhielten, in die Lebenssituation eines anderen Menschen einzusteigen. Es war ein sensationelles Gefühl. Allein wenn ich den Namen «Piontek» aussprach – viel mehr musste ich nicht machen, und das Publikum lag vor Lachen am Boden. «Herr Piontek!» Dabei ließ ich jedes Mal meinen Kopf rot anschwellen – das ist zwar ungesund, aber ich weiß, wie's geht.

Nur wusste ich damals noch nicht, wie man einen Gag wiederholt. Bei der zweiten Vorstellung schaffte ich es, ein weiteres Mal die Lacher auf meiner Seite zu haben, beim dritten Mal rührte sich aber keiner mehr, weil ich darauf gesetzt hatte, dass die Leute an dieser Stelle lachten. Die Zuschauer spürten die Absicht und fanden mich überhaupt nicht mehr komisch, und ich schämte mich auf einmal für die vergebliche Anstrengung. Die Unschuld des ersten Mals war vorbei – und ich verfügte nicht über das Handwerkszeug, um diesen Eindruck erneut herzustellen. Wenn ich jeden Blick, jede Geste richtig time, der Ablauf präzise ist und die Pointe nicht schon Sekunden vorher angezwinkert wird, lacht der ganze Saal.

Das ist der Job. Man muss eine Szene exakt analysieren, genau wissen, warum etwas in welcher Form wirkt, oder man erspürt es instinktiv, häufig ist es eine Mischung aus beidem. In manchen Situationen hat der Zuschauer Freude daran, wenn eine bestimmte Erwartung erfüllt wird. Aber manchmal lacht er nur, wenn ein Schauspieler mit der Erwartungshaltung spielt und gerade nicht darauf eingeht. Komik folgt strengen Gesetzmäßigkeiten. Wann ist etwas komisch? Wenn jemand in eine Torte tritt oder über einen Tigerkopf stolpert? Klingt erst mal nicht sonderlich witzig. Die Rechnung geht am Ende nur auf, wenn die kleinste Bewegung, jede Drehung, jeder Blick sitzt und durch nichts verraten wird, dass derjenige, der andere zum Lachen bringen will, auch nur ahnt, dass an ihm und seinem Tun irgendetwas komisch sein könnte. Komik schmeckt trocken serviert am besten.

Charlie Chaplin, der begnadete Clown, ließ auch privat immer eine Kamera mitlaufen, um herauszufinden, weshalb etwas komisch wirkt. Bei einem seiner Filme drehte er eine Szene mit einem Kellner wieder und wieder, doch der Lacheffekt wollte sich nicht einstellen. Nach dreihundertfünfundvierzig Takes begriff er, dass er die Rolle falsch besetzt hatte. Der Kellner durfte nicht so klein und dünn sein wie er selbst. Erst als er einen großen, schweren Kerl mit buschigen Augenbrauen einsetzte, wurde die Szene komisch.

Tränen lügen nicht?

Nicht der Ausdruck von Gefühlen wird während der Ausbildung trainiert, etwa indem ein Schauspieler übt, lauthals zu lachen oder traurig zu gucken. Wahrhaftige Gefühlsäußerungen zu zeigen, wird erst dadurch möglich, dass ich richtig nachgedacht und nachgespürt habe – und zwar im Rahmen des sogenannten Simulationsraumes. Dieser Begriff ist mein Bild dafür, dass ich mich von einem Gefühl nicht komplett ergreifen lasse. Ich gebe ihm nur so viel Raum, wie ich selbst benötige, um den gewünschten Ausdruck herstellen zu können. Das heißt, ich brauche einen bestimmten Abstand, durch den ich immer noch weiß, dass ich derjenige bin, der mit der Figur spielt.

Keinesfalls darf die Figur mit mir machen, was sie will.

Tritt das ein, kann ich sie nicht mehr steuern. In einem solchen Fall wäre ich kein Schauspieler, sondern Hysteriker. Ein professioneller Schauspieler hat seine darzustellende Person im Griff und weiß präzise mit ihr umzugehen, ähnlich wie ein Uhrmacher seine Uhren zum Laufen bringt. Ich bin ein großer Bewunderer der Uhrmacher, die es fertigbringen, auf engstem Raum unzählige winzige Einzelteile zu einem ästhetischen Erlebnis mechanischer Präzision zusammenzufügen. Aber es gibt Momente, da reißt sich die Figur wie ein wildes Tier von der Kette. Verblüffenderweise führt sie trotz aller Steuerung doch ihr kraftvolles Eigenleben, meldet Ansprüche an auf einen Blick, eine Geste, eine innere Bewegung, eine Äußerung, gerät sogar ins Tanzen und Fluchen, ins Weinen und Flüstern, ohne dass man es sich vorgenommen hat, sie überrumpelt den Schauspieler. Ich hab keine Ahnung, wie das passiert, es passiert einfach.

Oft ist es sogar angebracht, in die Gegenrichtung der Wirkung zu arbeiten, die man beim Zuschauer erzielen will. Ich breche also nicht in Tränen aus oder biege mich vor Lachen, wenn das die Wirkungen sind, die beim Publikum erzeugt werden sollen. Der Zuschauer nimmt mehr Anteil, wenn er merkt, wie ich versuche, mit dem Gefühl umzugehen. Wie sieht etwa große Freude bei einem stillen, schüchternen Menschen aus? Oder heimliche Freude? Jeder kennt den Satz: «Du freust dich ja gar nicht», wenn es um Geschenke oder Überraschungen geht.

Wie geht zum Beispiel ein leichtsinniger, dynamischer Mensch mit Trauer um? Lässt er sie überhaupt zu? Wie hält er sie aus? Benutzt er sie, um von anderen Mitleid zu bekommen, oder versucht er, sie zu verbergen?

Dazu fällt mir ein Beispiel aus einem genialen Film ein: In *The Deer Hunter – Die durch die Hölle gehen* von Michael

Cimino aus dem Jahr 1978 sieht man am Anfang dieses Antikriegs-Epos Michael, Nick und Steven, drei russischstämmige Stahlarbeiter aus dem US-Provinzstädtchen Clairton in Pennsylvania. Heiter und gutgelaunt gehen sie ihrem normalen Alltagsleben nach. Da sie durch und durch Patrioten sind, fliegen sie 1968 freiwillig als Soldaten nach Vietnam. Weiter wird gezeigt, wie einer von ihnen im Krieg schwer verwundet wird, wie sie in Gefangenschaft geraten, wie sie gefoltert werden, einer dem Wahnsinn verfällt und ein anderer stirbt. Am Ende sieht man, wie die zurückgekehrten Überlebenden und diejenigen, die in Clairton geblieben waren, beieinander sitzen. Einer von ihnen fängt an, für alle Rührei mit Speck zuzubereiten, wobei er das Lied «America, America» anstimmt, in das die anderen nach und nach einfallen. In der ganzen Runde heult niemand, keiner von ihnen spielt Trauer, indem er weint und schluchzt. Wer heult, das sind die Zuschauer, und zwar Rotz und Wasser. Dabei wurde doch nur eine Eierspeise zubereitet und dazu gesungen.

In der Branche kursiert die kleine Geschichte von dem russischen Schauspieler, der im Rahmen einer Theateraufführung bei einem Gebet für seine tote Mutter, das im Stück vorgesehen war, jeden Abend an derselben Stelle echte Tränen vergoss. Das Publikum war davon nicht allzu beeindruckt. Eines Abends aber blieben seine Augen trocken, es wollten einfach keine Tränen kommen. Das war ihm zutiefst unangenehm, und er drehte dem Publikum den Rücken zu, um sein Gesicht zu verbergen. So abgewendet fuhr er fort, um echte Tränen zu kämpfen, und sein Rücken zuckte in dieser Bemühung. An diesem Abend weinten die Zuschauer fast alle.

Mitunter beschleicht mich der Verdacht, dass ein Schauspieler, der echte Tränen weint, sich damit freikauft von einem durchdachteren Ausdruck. Haste mal 'ne Träne? Man sollte echte Tränen nur in den seltensten Fällen und in wohlüberlegter Dosierung zulassen. Ein Gefühl – auch ein ehrlich empfundenes – ist noch kein Ausdruck. Ein «echtes» Erleben kann für die glaubhafte Darstellung einer Rolle hinderlich sein, und zwar so hinderlich, wie im ersten Akt auf der Bühne eine Flasche Champagner statt Apfelschorle zu trinken und im letzten echtes Gift zu schlucken.

In Sönke Wortmanns Episodenfilm *St. Pauli Nacht* aus dem Jahr 1999 spielte ich den Postboten Manfred. Er kommt nach Hause und stellt fest, dass seine Wohnung nach einem Einbruch weitestgehend ausgeräumt ist. Am Telefon erfährt er von seiner Frau, was das Publikum schon vermutete, Manfred aber nicht wahrhaben will: Sie erklärt die Beziehung für beendet. Dabei ist nicht zu überhören und für den Zuschauer auch nicht zu übersehen, dass sie gerade im Bett mit einem anderen Typen ist und die beiden miteinander herummachen. Nachdem Manfred den Telefonhörer aufgelegt hat, geht er an den Kühlschrank, setzt eine Wodkaflasche an den Hals und sagt: «Nee, nee, aber nicht mit mir!»

Viele Zuschauer waren hinterher davon überzeugt, dass an dieser Stelle mein Gesicht tränenüberströmt gewesen sei. War es aber nicht. Wenn man andere rühren will, darf man nicht von sich selbst gerührt sein.

Es ist mir schon passiert, dass ich einen Kollegen fragte, ob ich ihm vom Catering-Wagen einen Kaffee mitbringen solle, und zur Antwort erhielt: «Sprich mich nicht an, ich bin in der Rolle.»

Das meinte der natürlich nicht ernst, aber es gibt Schauspieler, da wäre ich mir über die Ernsthaftigkeit einer solchen Antwort nicht völlig sicher.

Wer so komplett eintaucht, für den kann es leicht unmöglich werden, sich an einen vorgegebenen Text zu halten und verabredete Positionen einzunehmen. In konzentrierter, gestalteter Form gilt es zu zeigen, was Lebensinhalte wie lieben, kämpfen, scheitern, gewinnen, verlieren, Angst, Triumph und so fort ausmacht. Es kann beim Drehen durchaus passieren, dass ich einen heulenden Zusammenbruch ein Dutzend Mal wiederholen muss, wegen der verschiedenen Kameraeinstellungen oder weil irgendeine Kleinigkeit noch nicht ganz stimmte. Jedes einzelne Mal sollte die Verzweiflung gleich groß und meine Position an der linken Ecke der Couch absolut die gleiche sein, sonst ist ein Teil des gefilmten Materials im Schneideraum wertlos. Beim Film werden sogar farbige Markierungen auf den Boden geklebt, die man beim Drehen genau anzusteuern hat. Das ist wichtig für den Kameramann, um bei den einzelnen Einstellungen die richtige Schärfe ziehen zu können.

Und doch geht man spielerisch und leicht damit um. Die Genauigkeit und die Wiederholbarkeit sind es, die Schauspielen am meisten von Kinderspielen unterscheidet – und selbstverständlich der vorgegebene Text. Beim Winnetou-Spiel von Klein Armin hatte das alles natürlich nicht die geringste Bedeutung. Der Regisseur Max Reinhardt hat einmal gesagt, dass Schauspieler Erwachsene sind, die ihre Kindheit in die Tasche gesteckt und sich anschließend damit auf und davon gemacht haben.

Kapitel 5
EINTRITT IN DIE HEILIGEN HALLEN

Nach der Aufnahmeprüfung in Bochum

So kann es nicht weitergehen

Nach dem Zivildienst bezog ich verschiedene Zimmer in wechselnden Wohngemeinschaften. Mein Freund Jabo, ebenfalls Mitglied einer dieser WGs, und ich jobbten mal hier und mal da. Nicht selten ließen wir uns krankschreiben, wobei wir sogar vor den abstrusesten Versuchen der Selbstverletzung nicht zurückschreckten, zum Beispiel eine Hand in der Tür einquetschen, mit den Füßen in Glasscherben treten usw., alles, um in den Genuss des «gelben Scheins» zu gelangen, so die inoffizielle Bezeichnung für die Arbeitsunfähigkeitsbescheinigung. Fühlten wir uns wieder «gesund», nahmen wir erneut irgendetwas an, um Geld in die Taschen zu bekommen.

Eines Tages sagte Jabo: «So kann das nicht weitergehen. Wir sind fast Mitte zwanzig, das ist irgendwie kein Leben.» Nach dieser Feststellung ließ er sich Prospekte von der Bochumer Schauspielschule schicken, die verwaschene Schwarzweißfotos von verschiedenen Unterrichtssituationen enthielten: Pantomime, Fechten, Ensemble.

Mir wurde schlagartig klar, dass ich eine Schauspielschule besuchen wollte. Bis zu diesem Augenblick hatte ich nicht mal gewusst, dass es so was überhaupt gibt, trotz meiner früheren Kontakte mit der Pina-Bausch-Truppe. Als mittlerweile Vierundzwanzigjähriger hatte ich auch den Glauben ans «irgendwie Entdecktwerden» allmählich verloren. Dann bekam ich wie durch höhere Fügung Fritz Kortners Autobiographie *Aller Tage Abend* in die Finger. Dieser große jüdische Regisseur, der von den Nazis aus Deutschland vertrieben wurde und ins Exil gehen musste, erzählt darin wortgewaltig über die Theaterschauspieler in den zwanziger und dreißiger

Jahren in Berlin und Wien. Jene Bühnenatmosphäre, die er mir durch das Buch vermittelte, gab mir einen zusätzlichen Schub.

Ich bewarb mich an der Schauspielschule Bochum. Bei der Prüfung kamen mir alle Mitbewerber viel cooler und viel begabter vor als ich selbst. Aber gefehlt: Ich erreichte die Endrunde. Dafür hatte ich ein Gedicht von François Villon auswendig gelernt, die «Ballade von den drei Landstreichern». Zur Prüfung schleppte ich einen riesigen Kassettenrecorder mit. Während ich loslegte: «Sie kamen alle drei von Flandern her,/der Jean, der Jacques und Nicola./Der Pflaumenbaum warf keinen Schatten mehr/und auf dem Feld war schon der böse Winter da...», erklang Beethovens Klavierkonzert Nr. 5 in Es-Dur. Bis heute bin ich nicht in der Lage, dieses herrliche Konzert zu hören, ohne dass gleichzeitig die Worte des Gedichtes in mir anklingen. Wenige Zeit später erhielt ich meine Absage. Die Begründung: Unter dem Aspekt der Gruppenzusammenstellung könne man mich nicht berücksichtigen. Gruppenzusammenstellung? Was bitte sehr sollte das heißen? War ich ungeeignet für ein Team? Waren die anderen alle hübscher als ich, gar begabter? Ich ahnte aber, dass mein Auftritt mit dem Gedicht kein Knaller gewesen sein konnte, und das ging mir nahe. Ehrenrunde und Schulabgang hatte ich leichter weggesteckt als diese Absage.

Manchmal muss es kein Seidengewand sein

Während der Aufnahmeprüfung an der Bochumer Schule hatte mir einer der Lehrer seine Visitenkarte zugesteckt, mit dem Hinweis, ich solle doch bei Gelegenheit Kontakt mit ihm aufnehmen. Wie meinen Augapfel hütete ich diese Karte, um schließlich allen Mut zusammenzunehmen und ihn anzurufen. Ich hatte die stille Hoffnung, dass mir dieser Mann verriet, wie ich doch noch Schauspieler werden konnte.

Tatsächlich verabredete er sich mit mir am Hauptbahnhof in Bochum. Ich wohnte damals noch in Wuppertal und fuhr mit dem Zug zu dem Termin. Es war ein heißer, sonniger Sommertag im Jahr 1979, ein paar Wochen nach meiner Ablehnung. Fieberhaft sah ich dieser Begegnung entgegen, und endlich war der ersehnte Tag da. In Bochum angekommen, stand ich lange vor dem Bahnhofsgebäude. Doch wer nicht kam, das war der Lehrer von der Schauspielschule. Schon hatte ich mich mit dem Gedanken abgefunden, den nächsten Zug zurück nach Wuppertal zu nehmen, da fuhr er endlich doch noch in seinem Auto auf den Bahnhofsvorplatz vor. Als er mir die Beifahrertür seines Wagens öffnete, konnte ich seine Alkoholfahne riechen. «Komm, steig ein», sagte er zu mir durchs offene Wagenfenster. «Bei mir zu Hause können wir über alles in Ruhe reden.»

Ich stieg ein.

Seine Wohnung war sehr geschmackvoll eingerichtet, mit modernen, ausgewählten Möbeln. Mir fiel auf, dass überall seltsame Gewänder aus Seide mit orientalischen Mustern herumhingen. Zuerst machte er uns einen Cappuccino mit einer sichtlich teuren Maschine, dann gab es Rotwein aus einer flachen, bauchigen Karaffe. Er fing an zu erzählen, wie ich bei der Aufnahmeprüfung auf ihn gewirkt hatte, wobei er sehr ausführlich meine Kleidung beschrieb, eine knappe, helle Hirschlederjacke und enge lila Kordjeans – hey, wir hatten das Jahr 1979 –, was ich eigenartig fand, ich wusste ja selber, was ich an dem für mich so wichtigen Tag anhatte.

Auf einmal sagte er: «Es ist so verdammt heiß hier, willst du dir nicht lieber eines von den Gewändern anziehen?»

«Nö, ich fühle mich ganz wohl so, wie ich bin», erwiderte ich.

Was hatte das zu bedeuten? Wieso redete der so einen merkwürdigen Kram? Ich wollte von dem Mann wissen, wie man Schauspieler wird, und nicht eins von den eigenartigen Flatterdingern anziehen.

Von dem Tag weiß ich eigentlich nur noch, dass er plötzlich weinend vor mir auf den Knien lag, mit beiden Händen meine Arschbacken hielt und mich anflehte, mir einen blasen zu dürfen. Fluchtartig verließ ich daraufhin die Wohnung.

Wie man Schauspieler wird, habe ich an dem Tag leider nicht mehr erfahren.

Den nächsten Versuch startete ich an der Stuttgarter Schauspielschule. Die Prüfung begann damit, dass wir einen Aufsatz verfassen sollten mit dem Thema: «Warum wollen Sie Schauspieler werden?»

Ich schrieb nur einen kurzen Satz auf mein Blatt: «Müssen sollte keiner, und wer will, der kann», gab es ab und verließ das Gebäude in Richtung Hauptbahnhof. Zurück nach Wuppertal! Aufsätze hatten sie lange genug in der Schule von mir verlangt. Wenn eine Schauspielschule mir schon so daherkam, konnte sie für mich nur die falsche sein.

Die nächste Aufnahmeprüfung hatte ich in Essen an der berühmten Folkwang-Hochschule. Folkwang, das klang wie Himmel, Walhalla und Olymp zusammen. Noch dazu war der Leiter der Schauspielabteilung, Rolf Henninger, einer der Heldendarsteller bei Kortner am Berliner Schiller-Theater gewesen. Zur Verstärkung nahm ich ein paar Freunde mit, und gemeinsam fuhren wir mit einem VW-Bus nach Essen-Werden.

Die Schule war in einem wunderbaren jahrhundertealten Klostergemäuer untergebracht. Als ich auf dem Innenhof stand, schaute ich die dicken Mauern hinauf und dachte: Wenn die mich hier nicht nehmen, dann haben die keine Ahnung.

Mittlerweile war mir klar, dass man bei diesen Prüfungen der Jury nicht unbedingt Gedichte mit musikalischer Untermalung aus dem Kassettenrecorder vortragen sollte.

Ich hatte Romeos Gift-Monolog aus *Romeo und Julia* vorbereitet, dazu eine Ruprecht-Szene aus Kleists *Der zerbrochene Krug* und den Monolog des Artur aus dem Stück *Tango* von Sławomir Mrożek. Arturs Monolog endet mit den Worten: «Ihr kennt mich alle noch nicht, aber Ihr werdet mich kennenlernen.»

«Danke, das reicht uns», hörte ich jemanden von der Prüfungskommission sagen, und sie schickten mich hinaus.

Die Texte hatte ich mit Hilfe eines Tonbandgeräts eingeübt. Was ich damals noch wenig beeinflussen konnte: Ich trug alles mit schwerer Wuppertaler Dialektzunge vor.

Bei schweren, langen Texten kann es sehr hilfreich sein, mit einem Aufnahmegerät zu arbeiten.

Eine Arbeit, bei der ich es ohne dieses Gerät niemals geschafft hätte, den Text zu behalten, war der *König Ödipus* von Sophokles.

Dieser Monologabend, den ich 1992 im Schauspielhaus Bochum allein auf der Bühne bestritt, war einer meiner größten Kraftakte bisher. Zweiundsiebzig Seiten Text, Aufführungsdauer: zweieinhalb Stunden. Da Hölderlin den Text von Sophokles, der altgriechischen Grammatik folgend, linear übersetzt hat, sind die einzelnen Sätze so verschachtelt, dass der eine oder andere Satz fast über eine ganze Seite geht. Es sind allen Ernstes schon ganze Ensembles am *Ödipus* gescheitert, und einige Ensemblemitglieder mussten in die Psychiatrie eingeliefert werden. Das Stück ist berüchtigt dafür, dass es einem das Gehirn herumdreht. Ich war phasenweise so verzweifelt, dass ich während der Proben den Regisseur anflehte, das Ganze abzusagen: «Lass uns sagen, es war ein ehrenwerter Versuch von uns beiden, aber es ist aussichtslos.»

Dann haben wir es erst mal für ein paar Stunden sein lassen, eine Flasche Champagner geleert, es nicht mehr wichtig genommen und sind es am nächsten Tag neu angegangen.

Den schwierigen Text lernte ich dadurch, dass ich ihn auf Band sprach und mir das Aufgenommene wie in einer Endlosschleife immer wieder vorspielte, bis es in mein Unterbewusstsein eindrang. Ohne diese Technik hätte ich Monate gebraucht, um den Text zu lernen, dabei hatte ich nur sechs Wochen. In dieser intensiven Vorbereitungszeit macht man nichts anderes. Man steht auf, duscht sich und ist pünktlich um zehn Uhr auf der Probenbühne. Abends lernt man den Text für die Probe am nächsten Tag. Diese Struktur wiederholt sich ohne Unterlass. Den aufgenommenen Text spielte ich mir immer und immer wieder vor. Stundenlang. Tagelang. Bis ich ein Gefühl für diesen ganz besonderen Sprachklang entwickelte. Die Kassette ließ ich auch nachts laufen, damit mir der Text ins Unterbewusstsein drang. *Ödipus* ist wie eine zweitausendfünfhundert Jahre alte Melodie, die durch die Jahrtausende herübergeweht kommt.

Noch im Schlaf hörte ich:

Da dieses nun zum besten nicht gethan ist,
so unterweise nicht und rathe mir nichts an.
Ich wusste nemlich nicht, mit welchen Augen ich
den Vater angesehn, zum Hades wandelnd,
und auch die arme Mutter. Welchen beiden
ich Mühn vollbracht, die größer sind als Qualen.

*Da war der Kinder Angesicht, wuchs täglich auf,
so wie aufwuchsen, anzuschauen mir
nun nimmermehr! und meinen alten Augen
nicht Stadt und Thurm, die Bilder nicht der Geister,
die heiligen, worum ich ärmlichster,
so gut, ein einziger Mann, gehalten und in Thebe,
ich selber mich gebracht.*

Welch herrliches Gefühl, wenn man einen solchen Satz dann «kann». Und was für ein Gefühl erst, wenn alle zweiundsiebzig Seiten gelernt sind. Es ist, als könne man das eigene Denken mit den Händen fassen und damit wie in schnellem Flug den Himmel durchstreifen.

Die Aufführung wurde 1993 zum Theatertreffen nach Berlin eingeladen.

Wenn ich gefragt werde: «Wie lernen Sie Ihre ganzen Texte bloß?», lautet meine Antwort: «Text muss man nicht lernen. Man muss ihn können. So können, dass man auf der Bühne oder vor der Kamera zufälligerweise genau das sagt, was im Buch steht.» Ich lerne immer zuerst die Situation, die durch den Text beschrieben wird, und ertaste mir dann die wahrscheinlichste Befindlichkeit der Figur und ihre wahrscheinlichsten Untergedanken. Den endgültigen Text, wie er im Buch steht, hänge ich immer erst zum Schluss bei mir ein. Wenn ich weiß, was Sache ist, kann ich meine Sätze binnen weniger Minuten.

Bei den meisten Filmrollen lerne ich den Text abends an, lege mir das Drehbuch neben das Bett und schaue zum Frühstück und später am Drehort noch einmal hinein. Es kommt allerdings immer auch auf die Qualität und den Schwierigkeitsgrad des Textes an. Ist er organisch, lernt er sich schnell.

Wie Shakespeare. Der lernt sich unglaublich schnell, wenn die Übersetzung einen sinnfälligen Rhythmus hat. Aber manchmal gibt es Sätze, die sich einfach nicht sprechen lassen wollen. Es ist, als würde man auf etwas Zähem herumkauen.

Dann überlege ich gemeinsam mit dem Regisseur, woran das liegen könnte. Ist der Satz vielleicht einfach nur überflüssig, weil er nichts enthält, was etwas über die Figur, die Situation, die Stimmung oder die Handlung aussagt? Sollte eines davon zutreffen, könnte man den Satz einfach wegstreichen, weil er möglicherweise nur ein Kommentar ist. Solche Sätze braucht man eventuell in einem Hörspiel, in einem Film können sie schnell störend und sogar lächerlich wirken. Nach diesen Überlegungen kommt man auch schon mal darauf, dass der Satz eigentlich doch gut ist, nur etwas holprig und unmusikalisch formuliert. In dem Fall ändern wir ihn entsprechend, und der Satz darf drinbleiben.

Die von mir benutzte Tonbandmethode ist für Schüler an einer Schauspielschule nicht unbedingt zu empfehlen, ich würde sogar eher davon abraten. Bei einem nicht geschulten Ohr kann es in die Irre führen, wenn man sich selbst zuhört. Sehr leicht eignet man sich dadurch einen festgelegten Tonfall an. Falsche Betonungen können sich einschleifen, die man am Ende nicht mehr aus dem Gehörgang bekommt. Sagt der Regisseur vielleicht: «Spiel das mal nicht nett und zuvorkommend, sondern aggressiv und ärgerlich», ist ein Straucheln fast schon vorprogrammiert.

Mit jedem Tag fließt ein neuer Strom von Gedanken und Bildern durch einen hindurch. Das führt unweigerlich zu veränderten Sichtweisen von Texten. Hat man dagegen den eigenen Singsang im Ohr, kann der wie eine Firewall gegen veränderte Perspektiven wirken.

Sich selbst beim Proben im Spiegel zu beobachten, um zu überprüfen, wie man wirkt, ist ebenfalls ein eher sinnloses Unterfangen, weil man im Spiegel nicht erkennen kann, was man tatsächlich sieht. Dazu müsste man den eigenen Blick kontrollieren können. Das ist aber nicht möglich.

Eine Alternative wären Videokameras. Vorausgesetzt, man ist in der Lage, sich selber mit Distanz und ohne Eitelkeit zuzuschauen und zu kritisieren, wenn man das Ergebnis auf dem Display beurteilt.

Unmittelbar nach der Prüfung an der Folkwang-Schule musste ich schnell zum Wuppertaler Theater. Ich hatte dort eine Vorstellung, eine kleine Rolle als Straßenmaler. Der Vorsitzende der Prüfungskommission hatte mir gesagt, ich würde noch am selben Tag telefonisch darüber informiert, ob ich die Prüfung bestanden hätte und sie mich aufnehmen würden oder nicht. Damals gab's noch keine Handys, und ich hatte nur die Chance, in der Vorstellungspause zu Hause bei meinen Eltern anzurufen und nach dem Ergebnis zu fragen.

Die erste Hälfte der Vorstellung war für mich kaum zu ertragen. Einerseits wünschte ich mir, sie möge bald zu Ende sein, andererseits hoffte ich darauf, sie würde noch ewig lange dauern. Keineswegs wollte ich so schnell mit der brutalen Wahrheit konfrontiert werden. Doch unweigerlich kam der Moment, als der Vorhang zur Pause fiel. Die Pause. Der Anruf. Das Telefonat mit meiner Mutter war nicht mehr hinauszuzögern.

«Armin!», sagte sie dramatisch, als ich mich meldete.

Klar, sie hatten mich abgelehnt.

«O Gott, Armin!»

Ich hatte es begriffen. Warum musste sie mich noch quälen?

«Armin, sie haben dich genommen.»

Meine Mutter hätte zum Theater gehen sollen.

«Die wollen mich, die wollen mich …» Wie ein Mantra sagte ich mir das immer wieder vor.

Noch heute erscheint es mir wie ein Wunder, dass ich in der zweiten Hälfte der Vorstellung nicht meine Einsätze verpasste. Gott sei Dank waren es nur noch zwei Sätze. Am liebsten hätte ich von der Bühne aus ins Publikum geschrien: «Wisst ihr eigentlich, wer hier oben steht? Der zukünftige Folkwang-Schüler Armin Rohde.»

Während der Inszenierung veranstalteten wir im zweiten Teil auch ein Picknick auf der Bühne, bei dem wir Sardinen brieten und Zwiebeln schnitten. Wann immer ich seitdem diese Gerüche in die Nase bekomme, steigt in mir das Gefühl auf, einen großen Sieg errungen zu haben.

Später erfuhr ich, dass sich besonders Wolf Lindner, der Ensemblelehrer, für mich starkgemacht hatte. Rolf Henninger und die anderen Lehrer mussten bei mir einige Zweifel gehabt haben, denn ich war mit fünfundzwanzig Jahren schon fast zu alt für eine Schauspielausbildung. Sie meinten wohl, sie könnten mich nicht mehr richtig formen, da ich regelrecht überschäumte und vor lauter Überdruck manchmal fast kein einziges verständliches Wort herausbekam, höchstens sinnlos zusammengepresste Silben. Ich wollte alles auf einmal loswerden, alle Farben auf einmal anrühren – was, wie jeder Maler weiß, ein schmutziges Graubraun ergibt –, statt eine nach der anderen aufzutragen. Was ich all die Jahre nicht wusste und erst unlängst erfahren habe: Der Schauspiellehrer Wolf Lindner hatte damals angekündigt, seine Professur niederzulegen, falls die Hochschule mich nicht aufnähme. Er soll gesagt haben: «Und wenn es bei dem Jungen noch zehn Jahre dauert, der wird mal ein toller Schauspieler.»

Zu gerne hätte ich mich dafür bei ihm bedankt. Es war leider nicht mehr möglich. Er starb vor einigen Jahren an Krebs.

Dedodido und der Saurierschwanz

Vier Tage nach meinem fünfundzwanzigsten Geburtstag begann für mich der Unterricht. Auf zehn Schüler pro Jahrgang kamen ungefähr genauso viele Lehrer. Jeden Schritt, jede Äußerung beobachteten und bewerteten sie minuziös. Eine derartige Intensivbetreuung hatte ich zuletzt vielleicht als Kleinkind.

Im ersten Ausbildungsjahr startete jeder Tag mit zwei Stunden Sprechunterricht bei meiner Lehrerin Gisela Dreier. Sie fing mit Entspannungsübungen an, das hieß: auf dem Boden auf einer Decke liegen, das Körpergewicht spüren, verfolgen, wie der Atem ein- und ausgeht, wie der Körper alleine atmet. Ich lernte, wie ich atmen musste, wie mich der Boden trug.

Hinterher setzte sie ihr Programm mit Sprechübungen fort: Dedodido didudidu lolelali lilalelo ... Dabei blieb mir meist sehr bald die Zunge am Gaumen kleben. Aus diesem Grund wiederholten wir diese Übungen wieder und wieder und wieder – und noch heute sind sie ein gutes Training für mich. Eine gute und kraftvolle Stimme kommt aus dem Arsch, eine größere Tragweite erreicht man dadurch, dass man ihren Klang durch die Hohl- und Vibrationsräume des Körpers schickt. Es dauerte einige Zeit, bis ich begriff, wie ich meine Stimme verstärken konnte, indem ich sie tief aus dem Bauch holte und gleichzeitig die Kopfresonanzen einsetzte.

Gisela Dreier entwickelte mit mir zum besseren Verständ-

2001: als Sänger in *Freiheit for my brother*

nis dieser Vorgänge bestimmte Bilder oder Worte – in diesem Fall war es der Begriff «Kopfkern». Ich hatte dabei die Assoziation, dass mir im Kreuz, am oberen Beckenrand, ein großer, muskulöser Schwanz wuchs, wie bei einer Saurierechse oder einem Känguru, mit dem ich mich, obwohl ich zwei Beine hatte, zusätzlich abstützen konnte. Ich stellte mir vor, einem Menschen zu begegnen, einmal ohne und einmal mit Saurierschwanz – bei der Variante mit Schwanz passierte tatsächlich Erstaunliches mit meiner Stimme.

Zur Folkwang-Schule gehörte auch ein Raum mit Waschmaschinen, in dem wir Kostüme und benutzte Decken wuschen, und unsere Kleidung gleich mit. An einer Wand standen in Ölkreide die Worte:

Zwischen Bildern gehen,
da schillern Flügelworte
Namen für Wege durchs Dickicht.

Wer auch immer das gedichtet hat – für mich waren diese Zeilen gleichsam eine Überschrift für meine Lehrjahre.

Durch Gisela Dreier habe ich gelernt, mit meiner Stimme umzugehen, sie zu modellieren und mein relativ hohes Sprechtempo auch mal zu verlangsamen. Selbst bei einer dreistündigen Bühnenvorstellung verliert sie nicht an Energie. Meine Lehrer haben mir beigebracht, in meine eigene Zeit zu kommen, mit meinem eigenen Pendelschlag zu leben und zu arbeiten. Im ersten Jahr meiner Ausbildung schickten sie mich morgens für einige Runden vor die Tür, um das Abteigelände laufend zu umrunden, bis ich genügend Druck abgebaut hatte, um konzentriert am Unterricht teilnehmen zu können.

Es gibt die Anekdote von einem Schauspieler, der in einer Vorstellung einen einzigen Satz zu sprechen hat: «Schwarze Schwaden wabern über dem Sumpf.» Wochenlang arbeitet der Darsteller an dem Satz, er findet ihn sehr aussagemächtig und poetisch und hat den Ehrgeiz, ihn sensationell gut von sich zu geben. Er schläft nicht mehr, isst kaum noch etwas, denkt nur noch an diese sechs Wörter. Schließlich ist der Tag der Premiere gekommen, die Eltern und Verwandten sitzen im Zuschauerraum, es folgt der Auftritt des Schauspielers. Tief holt er Luft und sagt mit ausholender Geste und wichtigem Gesicht: «Schwampf», und das war es. Genau das war's anfangs auch bei mir: «Schwampf.»

Beim Film braucht man meistens nicht so viel Kraft und expressive Modulation wie auf der Theaterbühne. Dreharbeiten verlangen kein stundenlang durchgehendes Spielen. Zudem arbeitet man mit einem Mikrofon – was mir ein Regisseur einmal sehr deutlich zu verstehen gab. Es war bei dem Film *A Sound of Thunder,* nach einer Kurzgeschichte von Ray Bradbury, der von einer Zeitreise in die Vergangenheit handelt. Ich spielte dabei einen reichen Amerikaner, John Wallenbeck, der einen Dinosaurier erlegen will und sich prompt in die Hose macht, als der erste auftaucht.

Bei diesen Szenen trug ich einen Astronautenanzug und einen entsprechenden Helm, und einer meiner ersten Sätze im Urzeitdschungel war: «Wo sind denn diese verdammten Dinosaurier? Ich habe noch keinen einzigen gesehen.» Weil auch all meine Kollegen Astronautenhelme trugen, dachte ich, dass ich mich ja hörbar machen musste, weshalb ich den Satz ziemlich laut sagte. Um mich herum beklommenes Schweigen. Vielleicht hatten sie mich nicht gehört, deshalb brüllte ich den Satz noch mal: «Wo sind denn diese verdammten Dinosaurier? Ich habe noch keinen einzigen gesehen.» Wieder Schweigen. Merkwürdig. Wieso reagierten die Kollegen nicht auf mich? Auf einmal sah ich aus der Tiefe des künstlichen Dschungels, über den langen, blau bespannten «Zeitpfad» den Regisseur Peter Hyams auf mich zukommen. Er blieb vor mir stehen und forderte mich auf, meinen Helm zu öffnen. Nachdem ich das getan hatte, sagte er schneidend leise zu mir: «*You overact, you've got radio inside* – Sie übertreiben gewaltig, Sie haben ein Mikrofon im Helm.» Dabei schaute er mich an, mit einem Blick, der kaum missverstanden werden konnte: «Sag mal, was bist du denn für einer? Wen haben wir denn hier engagiert? Ich habe gedacht, du bist ein Profi!»

Ich merkte, wie ich von Kopf bis Fuß rot wurde, weil mir die Mikrofontechnik natürlich hätte klar sein müssen.

Weitere ermutigende Erfahrungen folgten. In dem Fernsehfilm *Quito* sollte ich einen deutschen Kommissar spielen, der einen Bilderdiebstahl aufzuklären hat und dafür unter anderem nach Barcelona fliegt. Am Anfang fand ich die Rolle nicht übermäßig spannend. Sie wurde es aber, als ich mir überlegte, den Kommissar bei seinem Ausflug nach Barcelona Spanisch sprechen zu lassen. Da ich auf der Schule einige Jahre Spanischunterricht hatte, und zwar kastilianisches Hochspanisch, und in den USA bei einem Mexikaner gewohnt hatte, traute ich es mir zu. Die spanische Produktion vor Ort wusste nicht, was mit der deutschen abgesprochen war – und diese war weit weg –, sodass ich beim Dreh in Barcelona keinen Widerspruch erfuhr, als ich sagte, dass ich alle meine Sätze auf Spanisch sprechen wolle. Das war auch kein schlechter Einfall, bis auf die Tatsache, dass in Barcelona nicht Kastilianisch, sondern Katalan geredet wird und ich meine Teamkollegen, ebenso wie sie mich, zum größten Teil nicht verstand.

Bei einem Dialog mit dem spanischen Kommissar, gespielt von Lluis Homar, geriet ich derart ins Schleudern mit all den gerollten «RRRR» und Lispellauten, dass sich mein Spanisch anhörte, als wäre ich sprachbehindert. Der Regisseur David Carreras half mir damit, dass er meinen Text so weit wie möglich zusammenstrich und die verbliebenen Sätze auf große Papptafeln schrieb, sodass ich sie ablesen konnte. Ich verfluchte mich und meine glorreiche Idee. Durch die Tafeln kam ich mir wie der blutigste und unfähigste Anfänger vor und ärgerte und schämte mich kolossal. Wieder einmal hatte ich die Klappe ganz schön weit aufgerissen, nach dem Motto: «Ich mache euch das auf Spanisch.»

Als ich schließlich den fertigen Film sah, fand ich die Barcelona-Episode geradezu genial. Man kann überhaupt nicht erkennen, dass ich mit den Augen nach dem Text suchte. Als Zuschauer hat man das Gefühl, ich sei ein derart cooler Kommissar, ich hätte es überhaupt nicht nötig, mein Gegenüber anzusehen. Das eigene private Empfinden hatte in diesem Fall nichts mit dem zu tun, was hinterher auf dem Bildschirm sichtbar war.

Kapitel 6

JUNG UND UNTER DRUCK

Die Brille brauchte ich nicht wirklich. Ich dachte,
so würde ich klüger aussehen.

Wann lassen die mich hier denn endlich spielen?
Oder: *Ein Lied zu singen, mit nichts als der Absicht, ein Lied zu singen, ist eine schwere Arbeit.*
(Rolf Dieter Brinkmann)

Unendliche Monate beschäftigten wir uns in der Schauspielschule mit den Sprachübungen. Langsam wurde ich immer ungeduldiger und dachte: Wann lassen die mich hier denn endlich spielen?

An einem Vormittag gab Gisela Dreier mir einen Zettel, auf dem ein japanisches Haiku geschrieben stand. Mit insgesamt drei Zeilen ist es die kürzeste Gedichtform der Welt. Bei mir lauteten sie:

Der Birnbaum,
den im Herbst der Blitz zerriss,
jetzt ist er über und über mit Blüten verschleiert.

Ich sollte diese Verse vortragen. Doch wie? Im ersten Moment klangen sie nicht schwer, ließen sich im Grunde schnell aufsagen. Ein Baum, der im Herbst von einem Blitz getroffen wurde und im Frühjahr in schönster Blütenpracht stand. Kein Auftrag für einen Jungschauspieler. Dieser Dreizeiler musste etwas Besonderes bekommen. Sollte ich ihn wie eine im Cyberspace herumschwirrende Information behandeln und ihn vielleicht mit der Stimme eines geisteskranken Computers vortragen? Oder sollte ich ihn etwa von einer Figur sprechen lassen, die Tarzan oder einen fabulierenden Obdachlosen darstellte?

Meine Sprechlehrerin wusste um mein Ungestüm, meinen Druck, mein Spielen-Wollen. Merkte, wie ich mein Innerstes nach außen kehren wollte, um der Welt zu zeigen, wie bunt und kompliziert ich bin, wie heillos meine Seele. Mit diesem Haiku forderte sie mich heraus. Erst nach einiger Zeit begriff ich, dass es gar nicht darum ging, diese drei Zeilen besonders kraftvoll und strahlend in Szene zu setzen. Ihr Zweck bestand vielmehr darin, dass ich ihnen nachspürte, sie bescheiden in den Raum stellte. Oder, wie meine Sprechlehrerin sagte: «Einfach nur da sein.»

Das war mir völlig fremd. Aber behutsam führte sie mich dorthin. Sie machte mir klar, dass es reichte, wenn ich versuchte, den Sinn dessen, was ich zu sagen hatte, erst einmal zu begreifen. Das Bild in mir zu tragen, wovon der Text sprach, um es anschließend als Medium an den Zuschauer und Zuhörer weiterzugeben. Auf den Punkt gebracht: Ich sollte nur das sagen, was ich zu sagen hatte, und von mir in meiner Buntheit, Kompliziertheit und Wichtigkeit Abstand nehmen.

Gisela Dreier nahm einen langwierigen Kampf mit mir auf, in dem sie nie die Geduld verlor. Immer gab sie mir das Gefühl, dass ich eines Tages noch begreifen würde, dass das, was übrig blieb, wenn ich den ganzen Firlefanz wegließ, viel kostbarer sein würde als alles andere.

Diese scheinbare Reduzierung verursachte mir aber Beklemmungen, die ich ihr gegenüber auch zum Ausdruck brachte.

«Ich will mich nicht anhören wie ein Nachrichtensprecher. Das klingt zwar kultiviert und gut, aber im Grunde weiß man nicht, wer diese Sätze überhaupt spricht, welche Person sich dahinter verbirgt», argumentierte ich, denn ich befürchtete, sie wolle mir eine Schönsprechstimme antrainieren.

«Es geht nicht um deutliches, sondern um verständliches Sprechen. Selbst wenn eine Rolle ein Nuscheln und Flüstern erfordert, soll dich der Zuschauer verstehen können. Ziel ist es, deine ureigene Stimme freizulegen», erklärte sie mir daraufhin.

Dennoch quälte ich mich immer noch damit ab, einfach «nur da» zu sein. Wie war man einfach nur da? Ich stand auf einer kleinen Probebühne, eine Stufe führte vom Fußboden hinauf, frühes Tageslicht fiel durch ein Fenster.

«Ich kann mich doch nicht vor jemanden hinstellen und einfach nur da sein», sagte ich und blickte irritiert in die großen blauen Augen meiner Sprechlehrerin. War es nicht geradezu unverschämt, vor einem anderen zu stehen und drei Zeilen ohne Zutaten anzubieten?

Sie sagte: «Es ist dein Beruf, einfach nur da zu sein und das, was du zu transportieren hast, mit aller Ehrlichkeit und mit aller Kraft deiner ureigensten Persönlichkeit anzubieten. Ohne Hintergedanken, ohne die Absicht, einen Zuschauer beeindrucken zu wollen. Du sollst mir nicht mit sieben Armen, acht Beinen und drei Köpfen was vormachen, sondern wie ein Mensch agieren, der nichts anderes im Sinn hat, als drei Zeilen zu sagen.»

Und so lernte ich Wörter wie «Brot» so oft zu sagen, dass ich nur noch Laute formte. Ich merkte, wie das B meinen Mund verließ, wie sich das R im Rachen rollte, wie das O gleichsam als warmer, trichterförmiger Luftstrom über meine Lippen ging, wie das T von Zungenspitze und Zähnen abgeschlossen wurde, fast, als hätte ich ein Stück vom Brot abgebissen.

«Wörter durchschmecken», nannte sie das. Danach sollte ich dieses Tun wieder vergessen und es ins Unbewusste absacken lassen, damit es automatisch funktionierte. So wie man sich nach der Fahrschule auch nicht mehr ständig fragt: «Wo ist die Kupplung? Wann schalte ich in den nächsten Gang? Hab ich schon in den Außenspiegel geguckt?», sondern einfach quer durch die USA oder runter nach Italien fährt und dabei entspannt und wie nebenbei auf den Verkehr achtet.

Wie strukturiere ich einen Satz, der nicht enden will? Wie teile ich mir den Atem ein? Wo setze ich Akzente? Welche Satzteile stelle ich gegenüber anderen heraus? Das sind die Fragen, auf die es ankommt. Danach sollte der Text wie von selbst über die Lippen kommen.

Weil ich irgendwann herausfand, dass ich visuell am besten lerne, markierte ich meine Texte mit bunten Farben, übermalte Buchstaben, unterstrich Wörter, machte mir Zeichnungen an den Rand – all das tat ich, um mir gerade längere Passagen besser merken zu können. Heute kennzeichne ich nur noch bestimmte Anfangsbuchstaben, und das auch nur dann, wenn es sich um sehr komplizierten Text handelt. Dadurch weiß ich, dass eine bestimmte Zeile oben links auf der Seite mit einem «H» beginnt und der nächstfolgende Satz mit einem «D «anfängt. Vergleichbar ist das mit einem Desktop-Icon: Klicke ich das richtige an, wird die gewünschte Datei geöffnet. Auf ähnliche Weise findet mein Gehirn den entsprechenden Text.

Ich hangelte mich von jenen dreizeiligen Haikus weiter zu Prologen wie diesem aus Shakespeares *Heinrich V.*:

Oh! eine Feuermuse,
die hinan den hellsten Himmel der Erfindung stiege!
Ein Reich zur Bühne, Prinzen drauf zu spielen,
und Monarchen, um der Szene Pomp zu schauen.

bis hin zu Kleist-Anekdoten.

Durch diese Steigerung des Schwierigkeitsgrades schaffte ich es tatsächlich, immer schlichter und direkter in meinem Umgang mit Texten zu werden. Angelsächsische Schauspieler sind brillant darin, drei Sätze wie einen klingen zu lassen, wenn diese drei Sätze nur einen einzigen Sachverhalt betreffen, während wir deutschen Schauspieler die Neigung haben, einen Satz wie drei Sätze klingen zu lassen. Wir haben eine Tendenz zur Dehnung von Sätzen, zu einer zu starken Betonung und dazu, jeden Satz so zu sprechen, als sei nach dem Satz das Gespräch beendet, denn wir fangen mit dem folgenden Satz wieder ganz von unten an. Dadurch stellt sich beim Zuschauer oder Zuhörer schnell ein Gefühl von Ermüdung ein. Da kann einer noch so toll spielen, wenn er ständig seine Sätze «runterfallen» lässt, wird er auf Dauer uninteressant wirken.

Durch die Art und Weise, wie Hitler, Goebbels und Co. die große Form der Rede in mörderischer Absicht missbrauchten, ist uns in Deutschland jegliche Art von Pathos verdächtig geworden. In dieser Hinsicht sind angelsächsische Schauspieler durch ihre ungebrochene Tradition ebenfalls besser dran: Sie können, wenn der Anlass es verlangt, wunderbar getragen sprechen, ohne dass es künstlich und überzogen klingt.

Von den monströsen Verbrechen der Nationalsozialisten hat sich die deutsche Film- und Theaterarbeit bis auf den heutigen Tag nicht erholt. Jüdischer Witz und jüdische Intelligenz, die wesentlichen Anteil am Aufstieg der amerikanischen Filmindustrie hatten, fehlen uns schmerzhaft.

Sommernachtstraum, Schillerstraße und Ellenbogen

Manche Übungen an der Schauspielschule kamen mir, auch wenn ich ein Spätzünder war, etwas absurd vor. Trotzdem machten sie Spaß. Einmal hieß es: «Legt euch auf die Bühne und stellt euch vor, ihr wärt ein Klumpen Lehm, aus dem sich ein Riese entwickelt, der sich erhebt und aus dreiunddreißig Metern Höhe auf die Erde herunterschaut.» Zuerst dachte ich: Ey Mann, ich habe mir diese Schule ausgesucht, weil ich Kleist, Shakespeare und Schiller spielen möchte, weil ich ein Held sein will und kein Haufen Lehm. Ein Riese interessiert mich nicht, gebt mir bitte anständige Texte!

Dann versuchte ich es doch und ließ eine solche Figur langsam in mir entstehen. Ich richtete mich sehr langsam und sehr vorsichtig auf, ließ mir viel Zeit dabei, spürte jeden einzelnen Wirbel, als würde ich ein Klötzchen auf das andere setzen. Eine getragene, langsame Musik zu hören oder sich vorzustellen kann dabei helfen. Auf einmal streicht diese Figur mit ihrer gigantischen Handfläche über die Baumkronen und kann dreihundert Kilometer weit schauen. In mir ist dabei das Gefühl entstanden, selbst gewachsen zu sein.

Wir übten und übten, und schließlich war der Moment da: Wir durften spielen! Im Unterrichtsfach Ensemblespiel stellten sie uns die Aufgabe, gemeinsam mit jemand anderem eine kleine Szene vorzubereiten, die wir ein paar Wochen später der gesamten Klasse vorspielen und dann von allen kritisiert werden sollten. In einer dieser Einzelszenen aus Shakespeares Komödie *Ein Sommernachtstraum* stellte eine Mitschülerin die Helena dar, die in Demetrius verliebt ist, er aber nicht in sie. Das Objekt ihrer Begierde war ich – oder vielmehr ich als Demetrius. Helena sollte in einer Szene sagen: «Lass mich dein Hündchen sein.» Ich hoffte, dass sie sich in irgendeiner verlockenden Position anbieten würde, aber sie dackelte tatsächlich nur wie ein geprügelter Hund hinter mir her.

Da irgendeine Art von Zusammenspiel gefordert war, suchte ich in meiner Ratlosigkeit ein Jongliergeschäft auf, in dem ich zwei Lederbändchen mit Glöckchen dran erwarb, die ich schließlich meiner Spielpartnerin um den Fuß band. Ich dachte, wenn sie sich bewegte, würde es hübsch klingeln – und sie würde durch die musikalische Fußfessel etwas bekommen, was ich bislang nicht an ihr gesehen hatte. Doch nichts dergleichen passierte. Ob mit oder ohne Glöckchen, es entstand kein spannendes Miteinander. Beim Klassenvorspiel bogen sich unsere Mitschüler vor Lachen über meine bescheuerte Idee.

Ein halbes Jahr später verließ meine Spielpartnerin die Folkwang-Schule. Während der Aufnahmeprüfung hatte sie Fieber und dadurch einen besonderen Glanz in den Augen und eine ganz besondere Ausstrahlung gehabt. Tatsache aber war, dass sie für diesen Beruf völlig unbegabt war. Und ich wünschte ihr auch nicht, jeden Tag Fieber zu haben, nur um wieder eine außergewöhnliche Ausstrahlung zu bekommen. Dafür wünsche ich ihr von Herzen, dass sie heute in einem anderen Beruf glücklich ist und ihre Position im Leben gefunden hat.

Spielen bedeutet auch improvisieren können. Aber über Improvisation bestehen viele Irrtümer. Es gibt im Fernsehen Sendungen, die eine Art Improvisationstheater darstellen und bei denen Regieanweisungen über winzige Kopfhörer kommen. Manchmal ist das sehr witzig, aber nicht immer. Improvisieren ist eine Technik, die einer bestimmten Dramaturgie folgt, mit einem Anfang, einem Höhepunkt und einem Ende, mit Übergängen, Haltepunkten und Pausen. Improvisation ist nicht gleichzusetzen mit meinem gern benutzten Beispiel eines antiautoritären Kindergartens, in dem die Kinder spielen müssen, was sie wollen. Es geht dabei nicht einfach darum, zu schauen, wen sie besonders gut auflaufen lassen könnten.

Wie oft habe ich schon bei der *Schillerstraße* gesehen, dass sich eine Szene spannend und witzig entwickelte, dann aber eine Anweisung über den Kopfhörer kam, die den Darstellern, anstatt die Spannung und die Komik höher zu schrauben, den Saft aus der Leitung nahm. Dann lieber nicht dazwischenfunken, sondern zuschauen, bis ein besserer Moment für eine bessere Anweisung kommt. Okay. Meckern ist immer leichter, als es selber besser zu machen.

Improvisationen im Rahmen von Dreharbeiten oder eines Theaterstücks sind dagegen etwas anderes, denn sie beziehen sich immer auf die Textvorlage. Vom Text her ist erst einmal grundsätzlich vorgegeben, was zwischen den Personen passieren soll. Innerhalb dieser Bedingung kann man alles Mögliche ausprobieren, Zeilen hinzufügen, die man später wieder wegnimmt, oder Zeilen wegnehmen, die man später wieder einfügt. Genauso, ob man währenddessen sitzt oder steht, auf und ab geht oder den Raum verlässt und den Text aus einem Nebenzimmer spricht.

Schaue ich meinen Partner an, oder vermeide ich es, ihm in die Augen zu sehen? Brülle ich ihn an, oder flüstere ich ihm die Sätze ins Ohr? Massiere ich ihm den Fuß, während ich ihm die Geschichte erzähle, oder versuche ich, dabei zu telefonieren und gleichzeitig noch ein Butterbrot zu schmieren und mir die Schuhe zuzubinden? Krieche ich während meiner Sätze unter dem Schreibtisch herum, um nach einem heruntergefallenen Stift zu suchen? All das kann man ausprobieren, und natürlich lohnt es sich, die Fieberkurve der Gefühle in alle möglichen Richtungen durchzuspüren. Das Allerwichtigste aber ist, aufeinander zu achten, sich gegenseitig zuzuhören, große Aufmerksamkeit zu haben für die Mitspieler und nicht nur die ganze Zeit zu versuchen, eine eigene Pointe oder ein toll gespieltes Gefühl unterzubringen –

das alles auf die entspannteste, beiläufigste Art und Weise. Sich die Zeit für all das zu nehmen, erfordert allerdings auch Mut und gute Nerven, denn beim Drehen ist Zeit gleich Geld und daher knapp. Oft hat aber auch die Regie die Szene schon so weit vorbereitet, dass die meisten Irrwege von vorneherein ausgeschlossen sind und alle Beteiligten sehr bald auf den Kern einer Szene hinarbeiten können. Es geht dann «nur» noch um Nuancen in der Darstellung und in den Positionen.

Akrobatik- und Fechtlehrer an der Folkwang-Schule war der großartige Klaus Figge. Als ich in Bochum den Tybalt in *Romeo und Julia* spielte, arrangierte er sensationelle Fechtszenen. In meinem Duell mit Mercutio warf mir dieser als Provokation eine Rose ins Gesicht. In jeder Vorstellung versuchte ich, die Rose knapp unterhalb der Blüte in der Luft zu treffen, sodass die Blütenblätter von dem Degenhieb auf den Bühnenboden schneiten. In jeder Vorstellung freute ich mich, fieberte diesem einen kleinen Moment entgegen und war angekratzt, wenn der Hieb einmal danebenging und ich den Blütenregen nicht herstellen konnte.

Mit den Tanzstunden konnte ich jedoch nicht viel anfangen, obwohl ich durch das Tanztheater überhaupt erst auf die Idee kam, Schauspieler zu werden. Dieses Training machte mich eher nervös. Plié, Arabeske, Attitüde und mit elfenhaften Bewegungen eine Raumdiagonale zu fliegen, das war nicht mein Ding. So häufig wie möglich drückte ich mich vor dem Unterricht und täuschte Unpässlichkeit vor.

Niemals hätte ich dagegen den Pantomimeunterricht bei Günther Titt versäumt. Er wies mich darauf hin, dass ich mir – im wahrsten Sinne des Wortes – mit meiner Fußstellung im Weg stand. Zuvor war mir nie aufgefallen, dass ich mit beiden Sohlen nie gleichzeitig den Boden berührte, sondern immer einen Fuß auf der Spitze hatte. Er sah sofort, wenn die kurzen Rippen zu weit vorstanden und der Brustkorb überdehnt war. In solchen Momenten schnippte er nur mit dem Finger an die entsprechenden Körperteile und sagte: «Etwas weniger Spannung in den Beinen, Schultern fallen lassen, das imaginäre Auge im Nacken etwas öffnen, das imaginäre Auge auf dem Brustbein etwas schließen. Jetzt den Hals frei in den Schultern ... so, jetzt stehst du richtig.»

Wir lernten von ihm, wo der Hintern, die Ellbogen, die Nasenspitze und die Ohrläppchen sind, und er entwickelte bei uns Schülern ein genaues Empfinden für Raumkoordinaten, das heißt einen Raum optimal für das eigene Spiel zu nutzen. Auf der Bühne ist das von größerer Wichtigkeit als vor der Kamera, da mir diese meinen Raum zuteilt und einteilt.

Am Anfang konnte ich mit diesen Anweisungen wenig anfangen, denn in den siebziger Jahren galt eine eingesunkene und leicht gebeugte Körperhaltung als cool. Entweder man stand da wie ein Judokämpfer, der gleich jemanden auf die Matte ziehen will, oder man war eben der nachdenkliche, sensible Typ, der träumerisch durch die Welt schluffte. Zwischen diesen beiden Extremen kannte ich keine Varianten.

Durch diesen Lehrer erfuhr ich, dass eine minimale körperliche Veränderung einen viel größeren Effekt haben kann als ein Herumwuchten von Muskeln und Knochen. Auch in anderer Hinsicht machte es einen Unterschied, ob ich meinen Ellbogen einen Zentimeter tiefer oder höher hatte. Halte ich den Ellbogen beispielsweise nur wenige Zentimeter zu hoch, kann es je nach Stellung der Scheinwerfer passieren, dass ich einem hinter mir stehenden oder sitzenden Kollegen einen Schatten ins Gesicht verpasse oder ein kleines, wichtiges Detail im Hintergrund verdecke. Diese Feinarbeit ist beim Film von großer Bedeutung und beansprucht einen guten Teil der Aufmerksamkeit.

Und noch etwas unglaublich Wertvolles gab uns Günther Titt auf den Weg: Er ließ uns über drei Jahre hinweg immer wieder mit Gesichtsmasken üben, die aus Leder gefertigt waren und das Gesicht bis zur Oberlippe oder auch vollständig bedeckten. Die sogenannte Neutralmaske aus braunem Leder bedeckte das Gesicht komplett und hatte einen Gesichtsausdruck, der außer einer großen inneren Ruhe nichts ausdrückte. Ich musste also, um eine Gefühlsregung oder eine Haltung auszudrücken, mit vollem Körpereinsatz arbeiten, sonst blieb die Maske «stumm». Die Masken der Commedia dell'Arte waren da fast schon einfacher zu bespielen. Sie ließen den Mund zum Sprechen frei und hatten von vorneherein einen Ausdruck, der alles zwischen frech und traurig sein konnte. Aber auch sie verlangten starken Körpereinsatz, um Spannung zu erzeugen und Interesse zu wecken. Wir arbeiteten daran, wie es aussehen könnte, wenn der ganze Körper Wut, Trauer Frechheit, Angst oder Geilheit ausdrückt. Fast überflüssig zu erwähnen, dass auch hier viele Versuche eher peinlich bis über die Schmerzgrenze hinaus ausfielen, aber da mussten wir alle durch. Peinlichkeit als Chance stand auf unserer Fahne.

Als Helmut Dietl 1997 *Rossini oder Die mörderische Frage, wer mit wem schlief* drehte, wurden viele Einstellungen bei Kerzenlicht und mit einer großen Brennweite aufgenommen, also mit einem Teleobjektiv. Ziel war es, den Eindruck zu erwecken, als würde sich der Zuschauer mit einem Fernrohr durch das Heranzoomen Zugang zu einer Szene verschaffen, zu der er sonst keinen Zutritt hätte.

Bei den Restaurantszenen ließ der Kameramann Gernot

Roll Hunderte von Kerzen brennen, die die Requisiteure ständig auf Anschluss halten mussten, das heißt auf gleicher Höhe wie bei der vorangegangenen Einstellung (sie dürfen bei dem Folgetake nicht heruntergebrannt sein, wenn sie zuvor noch um einiges länger waren). Zugleich drehte er mit einem Teleobjektiv, das auch die hinteren Tische im Visier hatte, zwar in einer gewissen Unschärfe, aber dennoch ganz gut erkennbar. Wir, die Gäste, die gerade keine wortaktive Rolle einnahmen, mussten aus diesem Grund tagelang in dieser Unschärfe sitzen. Es war nicht möglich, dieses Hintergrundgeschehen einfach zu verlassen oder auf dem Stuhl herumzuwippen. Im Filmjargon nennt man das «Schwenkfutter» – als Schauspieler hat man anwesend zu sein wie ein lebendes Möbelstück, weil ein Kameraschwenk einen jederzeit einfangen kann. Das ist keine besonders befriedigende Aufgabe, und am Ende eines solches Drehtages fühlt man sich bleischwer und verflucht die Kunst dieser Brennweite.

Die Maßarbeit betrifft mich aber nicht nur als Schwenkfutter, viel entscheidender ist es bei Großaufnahmen in einem solchen Meer von Kerzen. Dadurch sind die Lichtverhältnisse sehr schwierig, der Raum ist ein einziges Flattern, überall springen Schatten umher. Entsprechend ist bei diesen Bedingungen entscheidend, ob meine Nasenspitze etwa einen halben Zentimeter weiter vorne oder hinten ist. Äußerste Perfektion ist Voraussetzung dafür, dass die Augen scharf auf der Leinwand zu sehen sind und die Nasenspitze nicht einem ausgefransten Wattebäuschchen gleicht. Das mag in manchen Rollen sicher nett aussehen, war aber in diesem Zusammenhang nicht erwünscht. Höllisch genau musste jeder mitwirkende Schauspieler darauf achten, im Tiefenschärfebereich zu bleiben.

Bei diesem Minimalmanagement hilft ein kleiner Trick,

den mir Mario Adorf einmal verraten hat: «Denk dir eine imaginäre Linie auf dem Tisch, von der du eine unsichtbare Wand hochziehst. Danach setzt du gleich dahinter noch eine weitere Wand. Einzig in dem Bereich zwischen der ersten und zweiten Wand darfst du deine Nasenspitze bewegen, ansonsten hast du ein Problem.»

Kapitel 7

DAS FIASKO DES CLOWNS

1989: zusammen mit Horst Mendroch als Clown in *Germania, Tod in Berlin*

Was ist eine Banane?

Nach und nach wurde aus dem chaotischen Jungen, auf den man sich nicht verlassen konnte, ein disziplinierter Schauspielschüler. Die Schule war für mich wie Nachhausekommen, wie Heimatfinden. Die Himmelstore hatten sich für mich geöffnet, und ich durfte mitspielen im Chor der Engel.

Eines Tages war es dann so weit: Im zweiten Jahr fingen wir unter der Regie von Rolf Henninger mit den Proben für eine vollständige Theateraufführung an. Das ausgesuchte Stück war eine Komödie: *Der Widerspenstigen Zähmung* von Shakespeare.

Ich sah mich schon in der Hauptrolle des witzigen Machos Petrucchio, der sein Käthchen mit Verve und guter Laune erobert. Die mir zugeteilte Rolle hieß Biondello. Eine kleine Rolle, eine Rolle, die kein Mensch kennt. Biondello ist ein Bursche, ein Diener, ein Bote. Ein Witz von einer Rolle. Mehr nicht. Diese Rolle war viel zu klein für mich, unangemessen klein. Ich fühlte mich durch ihre Nichtgröße regelrecht gedemütigt.

Dann begannen die Proben, über fast ein ganzes Ausbildungsjahr zogen sie sich hin. Ich kämpfte mit meinen wenigen Sätzen, musste mir bei den Proben sagen lassen, dass ich die Sätze immer wieder fallenließe, dass ich die Sinneinheiten und die Bögen nicht herausgearbeitet hätte, dass ich einmal zu schnell, dann wieder zu langsam wäre und mich bewegen würde wie unter Hypnose. War an all diesen Punkten nichts mehr auszusetzen, so hieß es, ich würde nur hohle Technik abliefern.

Was wollte Henninger von mir? Ich gab mir unendlich große Mühe, alles richtig zu machen. So mussten sich

Kung-Fu-Schüler in den Klöstern der Shaolin gefühlt haben. An so manchem Abend schmiss ich mich heulend aufs Bett und dachte, dass ich für den Beruf wohl doch nicht so grandios taugte, wie ich es immer angenommen hatte. Vielleicht lag es auch daran, dass ich immer noch den Komplex hatte, Henninger würde mich innerlich ablehnen, würde mich für eine Art Straßenköter halten, der in den heiligen Hallen der Schauspielkunst nichts verloren hat. Vor ihm, den Kortner als Arbeitshelden gefeiert hatte, empfand ich einen Heidenrespekt. Er brachte uns an die Grenzen unseres Leistungsvermögens – und damit letztendlich auch darüber hinaus. Im Nachhinein bin ich Rolf Henninger unendlich dankbar dafür, denn von seiner ungeheuren und prägenden Arbeitsdisziplin und seiner großen Kunst profitiere ich heute noch.

Nach *Der Widerspenstigen Zähmung* spielten wir von Maxim Gorki *Die Barbaren* und *Der trojanische Krieg findet nicht statt* des französischen Dramatikers Jean Giraudoux. In Letzterem übernahm ich die Rolle des eitlen, besserwisserischen Hofdichters und Propagandaministers Demokos. Dafür ließ ich mir die Haare weiß bleichen und ein helles, bodenlanges Gewand anfertigen. Diese Inszenierungen waren hochprofessionell, mit ihnen traten wir im Rathaustheater in Essen sowie in der Bochumer Zeche auf.

Nach einer Weile hatte ich angefangen zu begreifen, dass mich Henninger lockte, mit Aufgaben, die auf den ersten Blick nicht besonders anspruchsvoll wirkten, aber aus denen ich, von ihm angespornt, etwas machen konnte. Als er mit mir am Demokos arbeitete, trieb er mich zu immer größerer Exaltiertheit an, der Hofdichter wurde mit jeder Probe verrückter und eitler, und seine Reden waren voller glitzernder Höhepunkte. Auf diese Weise wurde ich bestens ausgerüstet mit sorgfältig geschliffenem Werkzeug. Der Werkzeugkoffer für meine zukünftige Lebensreise als Schauspieler – ich stellte ihn mir aus feinstem Leder vor – füllte sich.

Parallel zur Schauspielausbildung hatten wir mehrere Intensivkurse mit dem wunderbaren Clown Pierre Byland. Er ist Schweizer und ein langjähriger Mitarbeiter von Jacques Lecoq, an dessen Schule in Paris er als Clowntrainer tätig war. Byland war später auch am ersten Roncalli-Zirkus von André Heller beteiligt – aber erst einmal kam er zu uns in die Folkwang-Schule.

An den Vormittagen – den Kurs besuchte ich zusammen mit meinem Bruder Uwe, der mittlerweile als Operneleve ebenfalls an derselben Hochschule studierte – lernten wir die traditionellen körperlichen Clownstechniken: Abrollen, auf den Arsch fallen, Tritte in den Hintern, Backpfeifen etc. Nachmittags stand Improvisationsunterricht auf dem Stundenplan. Unser Lehrer kippte einen großen Berg Klamotten auf die Bühne. Jeder sollte sich das aussuchen und anziehen, was er selbst für komisch hielt. Der erste Versuch scheiterte kläglich bei den allermeisten von uns: Wir zogen uns albern an, aber nicht komisch. Erst nach einigen Tagen hatten wir den Bogen einigermaßen raus, was bei jedem Einzelnen zum Lachen reizte: Dem Kostüm musste man ansehen, dass dahinter der Gedanke steckte, dass der Einzelne sich wirklich Mühe gegeben hatte. Es musste aussehen, als hätten zu Hause alle mitgewirkt. Oma hat mitgeholfen und Onkel Oskar, und Mama hat zu der breiten, gestreiften Krawatte geraten – nur dass sich keiner von ihnen durch einen treffsicheren Geschmack auszeichnete. Ein gutes Clownskostüm erkennt man letztlich daran, dass ein Schattenriss ausreichen muss, um zu begreifen, was für ein Typ da gerade die Bühne betritt. Charlie Chaplin hat seinen Umriss in der *Tramp*-Darstellung auf den Punkt gebracht.

Nach der Kostümauswahl ging es um den richtigen komischen Bühnenauftritt. Auf der Bühne befand sich zu diesem Zweck eine tragbare, also bewegliche Tür in einem Türstock. Alle Schüler setzten sich in einem Halbkreis vor die etwa fünfzig Zentimeter hohe Bühne, während jeweils einer von uns durch die vorbereitete Tür treten musste. Zum Spiel gehörte, dass alle begeistert klatschten und mit anfeuernden Zurufen und Ermunterungen nicht sparten. Wir Zuschauer wussten, dass wir nur lachen würden, wenn der Clown komisch war. Und der Aspirant, der durch die Tür gehen musste, wusste genau, dass wir wussten, dass er komisch zu sein hatte. Durch dieses gegenseitige Bescheidwissen wurde es nicht gerade einfacher.

Als ich an der Reihe war, gab's auch gleich das erste Problem: Wie sollte ich den notwendigen Augenkontakt mit dem Publikum halten und gleichzeitig Dinge ausprobieren, von denen ich hoffte, dass sie vielleicht witzig waren? Entsetzlich, was ich alles anstellte, allein das Hingucken tat mit Sicherheit weh. Schämen wurde zu einem Erlebnis der ganz besonderen Art.

Nachdem wir alle einmal auf eine unkomische, mehr oder weniger peinliche Art durch die Tür gestolpert waren, drückte uns Byland eine Banane in die Hand. Damit war die nächste Runde eingeleitet: durch die Tür kommen mit Banane. Bei einigen von uns reichte es, wenn sie die Banane nur anschauten, und schon brüllten wir los. Was war das Geheimnis? Manchmal sah es so aus, als hätte derjenige noch niemals eine Banane gesehen und wüsste auch gar nicht, dass er sie schälen muss. Er schien zu überlegen: Ist das was zum Wegwerfen, was zum Essen oder was zum Draufhauen? Löst sich dieses Riesenproblem möglicherweise leichter, wenn ich, anstatt das linke Bein zu belasten, eher das rechte Bein belaste und als Steigerung der Möglichkeiten dabei ganz mutig eine Hand in die Tasche stecke? Damit stand er gleich vor dem nächsten Problem, nämlich: welche Hand in welche Tasche und wohin dabei mit der Banane? Vor jedem neuen Spielzug vergewisserten wir uns per Augenkontakt der Zustimmung des Publikums und waren tief erleichtert, dankbar, stolz und auch etwas abgekämpft, wenn die Bewegungen gelangen.

Voller irritierter Konzentration blickte mein Bruder auf die Banane, während sein Körper fluchtbereit wirkte. Sein Kostüm war wie das eines Mannes, der bereit war, die höchsten Berge zu erklimmen, ließ aber gleichzeitig ahnen, dass ihm schon der nächste Maulwurfshügel zum Verhängnis werden könnte. Minutenlang beäugte Uwe die Banane, die schicksalsschwer in seiner Faust steckte. Während die Ersten von uns schon Tränen lachten, wechselte er sie langsam und äußerst vorsichtig von der rechten in die linke Hand, dann von der linken in die rechte, schnupperte an ihr, massierte sie behutsam und andächtig, wog sie auf der gestreckten Handfläche, versuchte hineinzublasen, kratzte und leckte ängstlich an der Schale, holte tief und mutig Luft, und dann – mit unglaublich zufriedenem Gesichtsausdruck – haute er die Banane mit einem einzigen entschiedenen Faustschlag zu Matsch.

Er hatte die Lösung und den einzig richtigen Umgang mit dem gelben, krummen Gegenstand gefunden. Hätte er gleich zu Anfang einfach nur draufgehauen – es wäre nichts als ein Gag gewesen. Aber durch den minutenlangen Vorlauf, den Weg zwischen Verwegenheit und Scheitern, das gründliche Nachdenken über diese gelbe Ding, die Aufnahme des Blickkontakts zum Publikum – na, ich trau mich hier ganz ordentlich was mit diesem fremdartigen und möglicherweise hochgefährlichen Objekt, oder? – signalisierte er: Ich werde noch darauf kommen, wozu dieses Etwas in meiner Hand gut ist, und koste es mich den nächsten Achttausender – das geht weit über den Gag hinaus und wird zur grandiosen, ehrlichen Komik.

Dann war ich dran. Mein Kostüm bestand aus einer auf die Stirn geschobenen Schnorchelmaske, Schwimmflossen und einem Bademantel, und ich bewegte mich darin sehr zurückhaltend, sodass klar war: ein kleiner Regenguss könnte ihn aus der Ruhe bringen, dem wird schon die nächste Pfütze zum Verhängnis. Eigentlich keine schlechte Ausgangsbasis, und ich zermatschte die Banane ebenfalls, nachdem ich mir einige Minuten Vorlauf gegönnt hatte – aber es war absolut nicht komisch. Ich hatte meinem Bruder einfach alles nachgemacht, dabei aber außer Acht gelassen, mit welcher Unschuld, ehrlichen Neugier und Akribie er die Banane erforscht hatte. Ich wollte dagegen einfach nur möglichst schnell einen Lacher rausholen und erreichte damit genau das Gegenteil. An diesem Tag war ich wieder einmal sehr verzweifelt, weil ich glaubte, für den Beruf des Schauspielers nicht tauglich zu sein. Mein Kostüm änderte ich in den folgenden Tagen, bis ich aussah wie ein dümmlicher Kleinstadtganove der fünfziger Jahre auf dem Weg in die große, weite Welt.

Ein Clown gibt nicht auf. Ein Clown sagt auch nicht: «Nein, das mache ich nicht, das will ich nicht.» Und erst recht ist ihm keine Aufgabe zu doof. Mit diesem Mantra richtete ich mich wieder auf. Ein Clown ist bereit, sich mit geradezu kindlicher Unbefangenheit einer Aufgabe zu stellen, bereit bis zur Selbstvernichtung. In diesem Moment existiert nichts Größeres und nichts Wichtigeres, als zu der Erkenntnis zu gelangen, was man mit diesem außerirdischen gelben, krummen Ding machen kann – oder ich mit meinem Schauspielunterricht.

In der Clownsausbildung gibt es einen zentralen Begriff:

Fiasko. Er bedeutet letztlich nichts anderes, als Katastrophen und Peinlichkeiten als eine Möglichkeit aufzufassen, sich dem nächsten Schritt zu widmen. Wenn ein Clown einem anderen Clown in den Hintern tritt, beschwert sich Letzterer nicht. Stattdessen sagt er: «Ist das irre! Noch nie einen Arschtritt gekriegt!» – Wumms. Tritt. – «O Mann, wie geht das?» – Wumms. Tritt. – «Hammermäßig! Mannomann. Zeig noch mal. Ich hab's noch nicht kapiert. Mach noch mal.» – Wumms. Tritt. – «Außerirdisch geiler Trick. Noch mal!» Und wumms – schon bekommt er den nächsten Tritt. «Wow, hey ist das abgefahren, wo lernt man so was? Das is ja sensationell. Noch mal!»

Es geht nicht darum, einen Menschen zu verarschen, ihn zu brüskieren und dabei zu zeigen, wie dumm er ist. Es geht vielmehr darum, einen Menschen darzustellen, der bereit ist. Bereit, Katastrophen und Niederlagen in Kauf zu nehmen. Ein Mensch, der sich dadurch nicht kränken lässt, sondern bei seiner Aufgabe bleibt. Die Hose rutscht? Egal, er macht weiter. Der angeklebte Schnurrbart löst sich? Egal, er macht weiter. Er stolpert, stottert, schwitzt, alle lachen? Egal, er macht weiter.

Auch der größte tragische Held ist ein Clown. Richard III. ist ein Clown, Romeo ist ein Clown – und auch Julia. Romeo weiß nicht, dass er am Ende tot sein wird, denn er hat den fünften Akt nicht gelesen, kann auch seine Kumpel nicht über Handy anrufen und sich den Schluss kurz mal simsen lassen.

Manchmal wirken sich tragische Momente in Theater- oder Filmhandlungen auf die private Seelenlage aus. Im Jahr 2002 drehte ich *Am Ende des Tunnels* unter der Regie von Dror Zahavi. Der Film erzählt die Geschichte von Silke Frank, einer

U-Bahn-Führerin, dargestellt von Ulrike Kriener, vor deren Augen sich eine Selbstmörderin aufs Gleis stürzt. Ich spielte ihren Ehemann, der hilflos mit ansehen muss, wie die eigene Ehefrau unter der Last des Traumas in Apathie versinkt. Während der wochenlangen Dreharbeiten ging es nur um Depressionen – und trotz professionellem Abstand merkten wir, dass die Situation auf Dauer nur schwer zu ertragen war.

Wenn bei einer Folge der ZDF-Reihe *Nachtschicht* (Regie: Lars Becker), in der ich als Kommissar Erichsen unterwegs bin, um vier Uhr morgens im November irgendwo an einer Hamburger Straßenkreuzung ein Kollege verkrümmt in einer Blutlache liegt, verhält es sich etwas anders. Die Distanz, die ich zu solchen Szenen habe, entspricht der beruflichen Distanz des Kripobeamten, den ich spiele, und mir ist stets gegenwärtig, dass der blutüberströmte Kollege, wenn seine Einstellungen abgedreht sind, wieder aufstehen wird und nach einem heißen Kakao verlangt. Auszuhalten sind lediglich die Kälte und Tristesse der Hamburger Winternacht.

Letztlich greifen Tragik und Komik immer ineinander. Wenn jemand zum Beispiel eine Banane nach der anderen isst, wird dies ungefähr zwischen der siebten und der achten Banane langweilig. Doch ab der vierzehnten Banane fängt es langsam wieder an, interessant zu werden. Angeblich gab es mal einen Clown, der sich nach der dreiundzwanzigsten Banane mit der Serviette den Mund abwischte. Jeder im Publikum dachte mit einer gewissen Erleichterung: So das war's jetzt wohl mit den Bananen, doch der Obstfan bückte sich nach einem Picknickkorb und beförderte daraus zwölf weitere Bananen auf den Tisch. Er warf einen hungrigen Blick ins Publikum, das schockiert aufjaulte, und warf dann die Bananen zurück in den Korb, mit einem Ausdruck immenser Vorfreude auf die nächste Bananenmahlzeit.

Der italienische Oscar-Preisträger Roberto Benigni hat mit seinem Film *Das Leben ist schön* gezeigt, dass man selbst bei todtraurigen Geschehnissen lachen kann. Ist der italienische Regisseur krank? Pervers? Ein verkappter Nazi? Nein, er ist ein großer Künstler und Komiker. Ein großer Komiker kann sich das erlauben. Charlie Chaplin stellte in seinem Film *Der große Diktator* die Figur Hitler so dar, dass es dem Zuschauer möglich ist zu lachen, ihn gar auszulachen. Das Lächerliche und Anmaßende des neurotischen, kleinen Obernazis hat er in die Erkennbarkeit gespielt.

Es gibt fast keine große dramatische Rolle, die nicht tragikomisch ist. Wer riskiert, es mit dem Schicksal, den Göttern oder einer sonstigen Übermacht aufzunehmen, hat an sich schon etwas Komisches. Das Leben ist nicht nur ernst, nur tief, nur heilig. Dann müssten alle Beteiligten in einer Tragödie die gleiche Gefühlswelt haben und auf ähnliche Art und Weise die entsprechenden Befindlichkeiten verarbeiten. Das halte ich für ausgeschlossen. Eine Person wird es immer geben, bei der etwas anderes ausgelöst wird, die dazwischenruft und die für alle anderen geltende Realität in Frage oder auf den Kopf stellt.

Ein Drehbuch lese ich beim allerersten Mal stets so, als ginge es um eine Komödie, und ich muss mich bei ernsten Stoffen mitunter zusammenreißen, um bei der Probe nicht eine Variante anzubieten, die der Ernsthaftigkeit des Drehbuchs nicht entspricht und ihr auch nicht gerecht würde. Sollte mich dann doch der Hafer stechen, vertraue ich darauf, dass die Regie mich rechtzeitig auf meine Kursabweichung aufmerksam macht. Bis auf verschwindend wenige Ausnahmen konnte ich in den Filmen, die ich bisher gedreht habe, der Spielleitung vertrauen, und ich vertraue nur zu gerne. Ich liebe es, von der Regie so begleitet und beraten zu werden, dass ich hinterher glauben kann, alle Ideen seien eigentlich von mir gekommen.

Ich mag Schauspieler, die mit Gelassenheit und Chuzpe Vorschläge am Set machen. Die mit ihren Spielangeboten herzhaft in die Vollen gehen. Im ersten Augenblick könnte man mitunter denken, es sei vielleicht zu viel des Guten, aber binnen eines Augenblicks wird klar, wo die Reise hingeht. Ein solcher Schauspieler macht Angebote. Er schüttet erst einmal in geradezu kindlicher Vorfreude sein ganzes Füllhorn an Eingebungen aus, um dann auszusortieren, was er davon am Ende für die anstehende Szene benutzen will. Dann dampft er seinen Vorschlag ein, konzentriert ihn auf die Essenz und findet genau das Maß, das es für die jeweilige Rolle braucht. Von einem Topf voller Fleisch, Knochen und Gemüse bleibt ein klarer, kraftvoller Fond zurück, in dem der ganze Geschmack der Szene konzentriert enthalten ist.

Es gibt diese großen Schauspielerpersönlichkeiten, die es sich erlauben können, eine sonderbare, ausfernde schräge Figur groß zu behaupten, ohne dass den Zuschauer das peinliche Gefühl beschleicht, Zeuge einer schamlosen Übertreibung zu sein. Diese Schauspieler können die abwegigsten Rollen spielen und wirken darin authentisch und überzeugend. Gerade vor der Kamera ist es äußerst riskant, auf die Tube zu drücken und dem Affen Zucker zu geben, weil ihr Auge nur das «Sein», aber kein «Machen» zulässt.

Jack Nicholson ist ein Paradebeispiel dafür. Er spielt selten bescheiden und scheint fast die Leinwand zu sprengen – trotzdem glaubt man ihm alles. Nicholson ist ein frecher Hund, der sich eine Menge erlauben kann, und seine Figuren stürzen nicht ab in die Karikatur. Genau wie bei Robert De Niro in der Rolle des Mafiabosses Paul Vitti in *Reine Nervensache*.

Vitti ist psychisch so labil, dass er einen Psychiater aufsuchen muss und sich bei ihm die Augen ausheult. Na klar ist das maßlos übertrieben, und bei einem weniger guten Schauspieler würde man vielleicht sagen: «Komm, lass sein, heul nicht, guck einfach 'n bisschen traurig, du bist Mafiaboss, und solche Leute heulen nicht, jedenfalls nicht, solange sie nicht alleine im Zimmer sind.» De Niro darf das, weil er's kann.

Gleichzeitig hege ich eine riesige Bewunderung für Kollegen, die sich ohne merkliche Anstrengung oder nachweisbare Veränderung still und absolut überzeugend in ihre Rolle verwandeln können. Sie erscheinen am Set und sind schon der Mensch, den sie zu spielen haben. Gespenstisch! Grandios! Und wieder fällt mir Christoph Waltz ein.

Die meisten Schauspieler, die vom Komödiantischen kommen, kennen die Urangst, nicht ganz für voll genommen zu werden. Es könnte ja sein, dass man es ihnen nicht zutraut, eine ernste oder gar tragische Rolle zu spielen. Ich glaube und hoffe aber, es hat sich mittlerweile herumgesprochen, dass es wesentlich leichter ist, einen Narren weinen als einen Helden scherzen zu lassen.

Als Schauspieler hat man es nicht in der Hand, wofür man gemocht, geschätzt oder im besten Fall vielleicht sogar geliebt wird. Ich kann dem Zuschauer nicht vorschreiben: Du musst mich für meine Rolle als Kommissar Erichsen mehr mögen und höher schätzen als für die von Bierchen, dem schwulen Metzger, Räuber Hotzenplotz oder Hermann Waltzer. Die Zuschauer entscheiden das, nicht der Schauspieler.

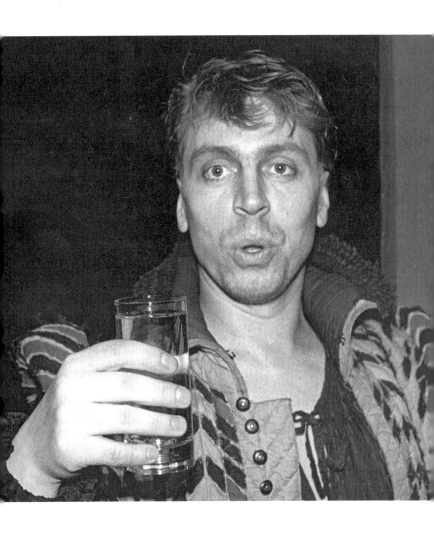
1987: als Tybalt in Shakespeares *Romeo und Julia*

Beliebt bei den Kollegen

In einer Inszenierung von *Romeo und Julia* in Bochum spielte ich einmal Tybalt, den überdrehten, aggressiven Vetter von Julia. Vor der Bühne waren zwei Katafalke aufgebaut, auf denen die Toten auf einem mit schwarzem Tuch ausgestatteten Block im Halbdämmer lagen, und einer dieser Toten war ich. Die Hände waren auf der Brust gefaltet, das Gesicht war wachsbleich geschminkt. Auf der Hauptbühne hatten Romeo und Julia gerade ihren tragischen Todesdialog.

Etwa zwanzig Minuten lang lag ich schon da als Theaterleiche, kämpfte gegen die langsam heraufkriechende Müdigkeit an, und auf einmal stieg ein zartes Kichern in mir auf. Ich fand es zunehmend lächerlich, auf diesem Block zu liegen und als erwachsener Mensch so zu tun, als wäre ich tot. Je mehr ich dachte, es sei jetzt ziemlich unpassend, zu kichern – immerhin war ich ja tot und im Grunde war es mir nicht einmal erlaubt zu atmen –, je mehr ich mir bewusst machte, dass gerade eine große tragische Szene im Gange war und ich es dem jungen Liebespaar gewiss nicht leichter machte, umso größer wurde der Drang, es dennoch zu tun. Am Ende kicherte ich den gesamten Akt hindurch, bis mich der Regisseur aus der Tiefe des dunklen Saales leicht gereizt fragte, ob ich nicht fünf Minuten vor die Tür gehen wolle, um mich zu beruhigen. Zum Glück passierte mir dies in der Hauptprobe, nicht während einer laufenden Vorstellung. Meine Kollegen hätten in diesem Fall auf ein paar Kisten Champagner bestanden. Zu Recht.

Kapitel 8

BEI EINEM FILM MITZUMACHEN, HEISST, NICHTS ZU MACHEN

Eine meiner allerersten Fernsehrollen in dem Film *Verworrene Bilanzen* – ein einziger Satz zu Gottfried John auf Kölsch: «Verpiss disch Jung, sungs wichs isch dir op dinge Konfirmandenanzoch.»

Nebenverdienst Pornosynchronisation

Während meiner Ausbildung wohnte ich mit Uwe in einem alten Fachwerkhaus in der Hufergasse in Essen-Werden, Luftlinie circa hundertfünfzig Meter vom Eingangstor der Folkwang-Schule entfernt. Unsere zwei Zimmer plus Küche befanden sich zu ebener Erde in der idyllischen Altstadt. Die Fenster hatten rot-weiße Schlagläden und erweckten den Anschein, als würde im Innern eine Schänke betrieben, zumal das Licht oft bis in die tiefe Nacht bei uns brannte. Jeder Student, der in der Altstadt wohnte, musste auf seinem Weg zur Folkwang an unseren Fenstern vorbei und schaute «kurz» rein.

So hatten Uwe und ich ständig das Problem, vor einem komplett leergefutterten Kühlschrank zu stehen. Also brauchten wir Geld. Neben dem BAföG verdiente ich hin und wieder was dazu, indem ich Pornos aus dem Englischen ins Deutsche synchronisierte. Dazu verbrachte ich manchmal bis zu elf Stunden täglich vor dem Mikrofon, ächzte und stöhnte und nahm Sätze in den Mund, die nicht gerade fürs Familienprogramm taugten. Abends half nur noch Magnesium, weil ich durch das Überatmen fast Krämpfe bekam. Aber die Bezahlung war um ein Vielfaches besser als in der Eisenfabrik. Und irgendwie lag mir der Job auch mehr als die Arbeit mit heißem Eisen.

Auf der Schauspielschule war es verpönt, nebenbei Filme zu drehen. Das sahen die Verantwortlichen deshalb nicht gerne, weil wir uns auf die Ausbildung konzentrieren sollten. Einer der deutlich in Erinnerung gebliebenen Sätze unserer Lehrer lautete damals: «Wenn ihr jemals Filme drehen solltet, was wir nicht hoffen, dann merkt euch eines: Bei einem Film mitzumachen, heißt, nichts zu machen. Gegenüber dem Theater macht man da nichts.»

Ich hatte riesige Lust, Neues auszuprobieren, erst recht, wenn es mit dem Beruf zu tun hatte. Nichts fand ich schlimmer als die Wochen, in denen die Folkwang-Schule wegen Semesterferien geschlossen hatte und wir dort nicht üben konnten. Wozu Ferien, wenn man an einer Schauspielschule lernen darf? Ich begriff es nicht. Als mir 1982 in einer solchen zwangsverordneten Freizeit von der Frankfurter Filmwerkstatt eine Rolle in dem Film *Kassensturz* von Rolf Silber angeboten wurde, sagte ich ohne zu zögern zu. In dieser Produktion spielte ich einen jungen Mann, der in einer Wohngemeinschaft lebte und in einer Off-Off-Theatergruppe spielte. Das kam mir beruhigenderweise bekannt vor.

Im Drehbuch stand als Regieanweisung für meinen allerersten Auftritt: «Die Mitglieder der Wohngemeinschaft sitzen morgens versammelt am Frühstückstisch. Holger hat gerade geduscht und kommt im Bademantel in die Küche.»

Holger war ich. Kein großer Auftrag – eigentlich. Doch als ich am Set eintraf, war dieses ausgeleuchtet wie ein Operationssaal. Ich wagte kaum zu atmen oder auch nur die geringste Bewegung auszuführen – auf der Schauspielschule hatten unsere Lehrer mir ja gesagt, dass man beim Film nichts zu machen hätte. Dieser erste Drehtag war für mich ein Albtraum, ich hatte das Gefühl, als sollte ich in diesem grellen Licht am Gehirn operiert werden und nicht mit anderen Kollegen fröhlich am Frühstückstisch Wohngemeinschaft mimen. Ich war völlig verkrampft. Den fertigen Film habe ich mir nie angesehen. Und wenn, dann habe ich es vergessen.

Unvergesslich wird mir für immer dieser eine Lichtstrahl bleiben, der zu Anfang der *Sacre*-Aufführung von Pina Bausch die mit Erde bestreute Bühne traf, und in der gleichen Sekunde setzte die Musik von Strawinsky ein. Bitte jetzt keine leichtfertige Kritik an diesem eleganten Übergang. Was ich nicht kann, das mach ich mit Schwung.

Im Theater habe ich es immer geliebt, wenn die Bühnenscheinwerfer so eingestellt waren, dass ich mit dem Auge das Licht einfangen konnte. Wenn ich diesen Strahl in mich hineinlassen konnte, löste das bei mir einen Zustand gehobener Stimmung aus, eine Empfindung von innerer Weite, eine gesteigerte Selbst- und Weltwahrnehmung. Beim Kameralicht ist es mittlerweile kaum anders, nur befinden sich die Scheinwerfer bei den Dreharbeiten näher am Schauspieler, und man spürt ihre Hitze mehr.

Früher versuchte man, großen Kinostars eine besondere Präsenz zu geben, indem man für sie sehr viel Licht setzte. Hans Albers' leuchtend blaue Augen wurden auf diese Weise zu einem unverkennbaren Markenzeichen. Der heutige Umgang mit Licht orientiert sich mehr an dramaturgischen Überlegungen als am Marktwert der Schauspieler.

Wie gesagt, eine gute Dosis Licht liebe ich. Aber wenn ein Raum grell ausgeleuchtet ist, kann die Heftigkeit der Scheinwerfer sogar schmerzhaft für die Augen sein und kaum zu ertragen. Irgendwann fangen die Augen einfach an zu tränen. Dann wird kurz pausiert, die Maskenbildnerin kommt mit beruhigenden Augentropfen, und weiter geht's.

Der Kameramann und Regisseur Gernot Roll hat mir beigebracht, wie ich das Licht am Set für mein Spiel nutzen kann, und seitdem verständige ich mich schon seit vielen Jahren gleich zu Beginn der Dreharbeiten mit den Kameraleuten, um herauszufinden, wie sie mit Licht umgehen. Das Objektiv der Kamera schaut in die Seele. In der Nahaufnahme ist das Auge des Schauspielers später auf der Leinwand so groß wie ein Wagenrad. Da lässt sich nichts verstecken, und manchmal hat man das Gefühl, dass man vor ihr, der Kamera, im übertragenen Sinn die Hosen herunterlässt.

Viele Kollegen verlangen deshalb, dass sich niemand in ihrem unmittelbaren Blickfeld bewegt, um dadurch nicht abgelenkt zu werden und damit sich keine unbeabsichtigte Unruhe in der Pupille zeigt. Ich bin relativ schmerzfrei, sprich unerschütterlich, was das anbelangt. Dennoch gibt es auch für mich Situationen, in denen ich für mich ein freies Sichtfeld fordere. Ein stilles, intimes Zwiegespräch könnte so eine Situation sein. Dann sollten keine Personen anwesend sein außer denen, die am Set im Moment der laufenden Aufnahme unverzichtbar sind, also Regie, Kameramann und Boomer, der das Mikrofon hält. Letztere werden bei einem Filmdreh auch «Schwarze» genannt, weil sie nicht nur im Bild nicht sichtbar sind, sondern auch trotz ihrer Bewegungen mit dem Schauspieler keine Schatten und keine Spiegelung hervorrufen dürfen. Sonst fragt sich der Zuschauer im Kino oder vor dem Fernseher, wer die seltsamen Leute sind, die schemenhaft im Hintergrund herumgeistern.

Die Schwarzen sind darauf trainiert, im Moment der Aufnahme für den Schauspieler einfach nicht vorhanden zu sein. Besonders in einer Nahaufnahme darf nicht die geringste Irritation im Auge sichtbar werden, die mit der Szene nichts zu tun hat. Ihre Bewegungsabläufe sind mitunter schwieriger als die der Schauspieler im Bild. Besonders an Drehorten, an denen es viele reflektierende Flächen gibt, bewegen sie sich mitunter um die Schauspieler herum wie in einem stillen, komplizierten Gespensterballett.

Der Dietl-Blick

Wer eine normale Unterhaltung zwischen zwei Menschen in einem Zimmer beobachtet, der wird feststellen, dass sich die beiden in der Regel nicht besonders häufig anschauen. Der Blick des einen streift stattdessen eine Tasse, die schon seit Wochen auf dem Tisch herumsteht. Während weiter gesprochen oder zugehört wird, denkt derjenige, dass er sie endlich mal wegräumen könnte. Oder er überlegt, ob das Handy eigentlich ausgeschaltet ist. Oder sein Blick folgt versonnen der hübschen Kellnerin, während sich sein Gegenüber über die Höhe seiner zu zahlenden Alimente beschwert.

Während ich in einer solchen Szene rede, fällt mir alles Mögliche auf und ein, was heißt, dass verschiedene Realitätsebenen parallel nebeneinander ablaufen. Selten würde ich meinen Gesprächspartner die ganze Zeit über mit Blicken fixieren, außer ich spiele zum Beispiel einen Kommissar, den genau das auszeichnet.

Helmut Dietl weiß immer genau, wie lange man den Blick zu halten hat und wann exakt man ihn wegnimmt, wann er fragend, wann auffordernd zu sein hat, wie viel Intensität man in ihn legt und wann er ins Leere läuft, und das auf die Zehntelsekunde genau. Er kann dem Schauspieler auch plausibel erklären, warum es jeweils einen Unterschied ausmacht und welchen.

Blicke sind Akzente, Markierungen, ähnlich wie eine bestimmte Folge von Tönen und Pausen in der Musik, und die Aufmerksamkeit dafür muss trainiert werden. Es kann äußerst spannend sein, wenn jemand die ganze Zeit auf die Tischplatte starrt, und dann in einem ganz bestimmten Moment aufsieht und den Blick stehen lässt. So was kann ein regelrechtes Ereignis sein. John Belushi trägt in *Blues Brothers* die meiste Zeit über eine schwarze Sonnenbrille. Der Moment, in dem er sie zum ersten Mal abnimmt und seine Augen zeigt, ist geradezu sensationell. Oder Marlon Brando in *Apocalypse Now*. Die meiste Zeit hält er seinen massiven, geschorenen Kopf im Schatten, und wenn er dann zwischendurch mit den Augenwinkeln einen Lichtschimmer einfängt, hat man den Eindruck, ein uraltes, gefährliches Reptil vor sich zu haben.

Als ich die Rolle des Kommissars Erichsen in *Nachtschicht* übernahm, hatte ich einen Termin mit einem leitenden Kommissar bei der Hamburger Kripo. Dieser Mann erzählte mir alles Mögliche über seinen Beruf, und als das Gespräch beendet war und ich mich von ihm verabschiedet hatte, stellte ich fest, dass mir etwas an ihm aufgefallen war. Wichtig war dabei gar nicht so sehr, was er mir über seinen Job berichtet hatte, sondern dass ich mich im Lauf der Unterhaltung immer unwohler gefühlt hatte. Woher kam das? Er war doch ein sehr netter Kripobeamter. Schließlich kam ich auf die Ursache für mein Unbehagen: Er hatte mich die ganze Zeit mit seinem Blick festgehalten, bis ich glaubte, ich hätte etwas in meiner Tasche, das da nicht hingehörte.

Genau das habe ich für meine Rolle übernommen. Ich lasse die Leute, die ich verhöre, einfach nicht aus dem Blick. Als würde ich etwas über sie wissen, was ihnen selbst noch gar nicht klar ist. Das hat später derart gut funktioniert, dass manche Kollegen nervös wurden und anfingen, ihren Text zu vergessen. 'tschuldigung!

Aber sind meine Augen nicht zu freundlich für eine solche Art Blick, überlegte ich weiter. Könnte ich etwas tun, um den

Blick auszukühlen? Glas könnte diesen Effekt bewirken, fiel mir irgendwann ein. Deshalb trägt Kommissar Erichsen eine randlose Brille, um meine Augen mit etwas Kälte auszustatten.

Der bereits von mir verschämt erwähnte Film *Kassensturz* aus dem Jahre 1982 war nicht mein erster Auftritt vor einer Kamera. Es gab davor schon einmal eine Gelegenheit für mich, zu zeigen, was ich noch zu lernen hatte.

Der Film hieß *Jonny bei Jack* und war ein sogenannter Industriefilm, das sind Filme, in denen sich Unternehmen für ihre Kunden möglichst vorteilhaft präsentieren. Ich spielte den Juniorchef einer Firma, die Haftetiketten herstellte, und sollte meinem Freund Jonny mit stolzem Eifer eine Führung durch den laufenden Betrieb aufdrängen. Das Drehbuch stammte vom echten Seniorchef der Firma, und der Mann war so stolz auf sein Lebenswerk, dass sogar noch die Fotokopiergeräte und Angestelltentoiletten mit begeisterten Bandwurmsätzen erklärt werden mussten. In Nadelstreifenanzug, geschlossenem weißem Kragen und Krawatte bewegte ich mich mit zusammengebissenen Zähnen wie ein angeschossener Seiltänzer an dröhnenden Rotationsmaschinen und brodelnden Klebstoffbottichen entlang, in dem aufrichtigen Bemühen, dabei noch souverän und entspannt zu wirken, wie ich mir einen Juniorchef eben vorstellte. Kurz vor Beginn der Dreharbeiten hatte ich mir am FKK-Strand einen schweren Sonnenbrand inklusive Brandblasen zugezogen, und unter dem Wollwebanzug und dem Polyesterhemd litt meine zarte Haut Höllenqualen.

Ich habe den Film nie zu Gesicht bekommen, und ich hoffe sehr, ihn sahen auch sonst nicht allzu viele Menschen. Hoffentlich gibt's die Firma noch, schließlich geht's um Arbeitsplätze. Ich weiß seitdem, dass es eine Scheißidee ist, kurz vor Dreharbeiten an den FKK-Strand zu gehen, am besten ist es, die Sonne ganz zu meiden. Sonnenbrand ist eine miserable Voraussetzung und nur unzulänglich und unter Schmerzen mit Schminke abzudecken.

Jonny bei Jack hatte keine weiteren Spuren bei mir hinterlassen, aber nach *Kassensturz* war ich von der Arbeitsweise beim Film völlig eingeschüchtert.

Ich war als Filmanfänger so verwirrt, dass ich mich bei Filmregisseuren, die mich danach engagierten, mit den Worten «Guten Tag, mein Name ist Armin Rohde. Ich komme vom Theater, und wenn ich zu viel mache, dann sagen Sie es mir bitte» vorstellte. Die meisten sahen mich leicht schmunzelnd oder auch etwas mitleidig an und gaben mir zu verstehen: «Wenn mir was auffällt, melde ich mich schon. Seien Sie ganz beruhigt.»

Und ich beruhigte mich schnell.

Mit der Serie *Auf Achse* vollzog ich meinen vorerst endgültigen Wechsel von der Theaterbühne zum Film. In Folge sechsundsiebzig dieser Trucker-Geschichte löste ich Manfred Krug ab und spielte den Lkw-Fahrer Kaschinski. Diese sechste Staffel umfasste hundertvierzig Drehtage, mehr oder weniger ohne Unterbrechung, täglich zwölf bis vierzehn Stunden. Schon nach kurzer Zeit dachte ich nicht einmal mehr darüber nach, ob die Kamera lief oder ausgeschaltet war. Es reichte, wenn ich wusste, wo sie stand und ob ich im Bild war oder nicht. Am Ende eines Drehtages musste das Tagespensum an verwendbaren Filmminuten im Kasten sein, für Befangenheiten war da keine Zeit.

Für mich war diese Serie ein exzellentes Training. Durch das enorme Pensum, das mir abverlangt wurde, erhielt ich zwangsläufig ein professionelles Selbstverständnis und eine entspannte Leichtigkeit.

Hotzenplotz und Albert Einstein

Nachts wachte ich oft auf, weil ich bis in meine Träume hinein darüber nachdachte, was es mit der Verwandlung auf sich hatte. Unzählige Fragen beschäftigten mich: Wie kann ich glaubhaft und authentisch zu einem anderen Menschen werden? Wie tauche ich so sehr ein in das Leben eines anderen Menschen, dass ich mich nach und nach in ihn verwandle, bis ich so gehe, wie er geht, so schaue, wie er schaut, spreche, wie er spricht, reagiere, wie er reagieren würde?

Mit der Zeit wurde mir klar, dass dieser geheimnisvolle Prozess anfängt mit der Lektüre des Buches. Heute ist es so: Ich lese ein Drehbuch oder ein Theaterstück, und es fallen mir bestimmte Sätze auf an meiner Spielfigur, was oder wie sie etwas sagt. Da darf ich dann erst mal gar nicht zu viel drüber nachdenken, sondern muss es sacken lassen, damit es seinen Weg durch die Seele nehmen kann, darf es noch nicht beurteilen oder eine Meinung haben. Wenn ich dann einen Tag, eine Woche oder einen Monat später die ersten Schritte auf der Probe oder vor der Kamera mache, ist da vielleicht noch nicht sofort dieser neue Mensch da, aber er entsteht nach und nach.

Je besser ein Text geschrieben ist, umso überzeugter und leichtfüßiger reagiert meine Phantasie, und wenn ich dann noch eine Regie an der Seite habe, die im richtigen Moment berät und fordert oder die mich, wenn's passt, einfach machen lässt, ist das der Himmel auf Erden. Dieser Weg der Verwandlung geht von innen nach außen, und ein Schau-

spieler erspürt dann auch, wie dieser Mensch sich kleiden würde, welche Frisur er trägt, wie er geht, wie er schaut, wie er spricht und reagiert. Und dabei ist er ja nicht alleine. Die Regie hat allermeistens ebenfalls bestimmte Vorstellungen, wie derjenige sein sollte, und dann sieht man zu, wie alles zueinander passt. Masken- und Kostümbildner kommen ergänzend hinzu.

Es gibt aber auch den umgekehrten Weg, also den von außen nach innen, und da ist das Äußere des Spielcharakters von vornehrein vorgegeben. Das ist grundsätzlich der Fall bei historischen Figuren, von denen man weiß, wie sie ausgesehen haben, und vielleicht sogar, welche Art zu sprechen und sich zu bewegen sie hatten.

Ich hatte das Privileg, geschichtliche Gestalten wie Heinrich George, Emil Jannings, Menne Spiegel und Albert Einstein verkörpern zu dürfen. Um beispielsweise den Nobelpreisträger glaubwürdig zu spielen, braucht man einen hervorragenden Maskenbildner oder in meinem Fall eine Maskenbildnerin, die es fertigbrachte, mich haargenau so aussehen zu lassen wie Albert Einstein. Meine Mitarbeit bestand darin, mir um fünf Uhr morgens die braunen Kontaktlinsen einzusetzen, dann vier Stunden lang stillzuhalten und mir hin und wieder in diversen Gesichtspartien die Haut zu dehnen. Auf die gedehnten Stellen wird dann eine spezielle Latexmischung aufgetragen, die mit einem Föhn getrocknet wird, danach lasse ich die Haut los, damit sie sich zusammenziehen kann. Diese Prozedur wird im ganzen Gesicht bis zu fünf Mal wiederholt. Die inzwischen getrocknete und faltige Latexhaut wird dann auf den passenden Teint geschminkt, und zuletzt wird die Perücke am Kopf befestigt.

1987: als Eunuch in *Antonius und Cleopatra*

Da Einstein sehr helles Haar hatte und die Kopfhaut dadurch sichtbar war, hätte eigentlich noch eine Gummiglatze über meine dunkelblonden Haare geklebt werden müssen. Um mir das zu ersparen und die Zeit in der Maske um etwa fünfundvierzig Minuten kürzer zu halten, ließ ich mir den Kopf kahl scheren. Ich hätte sonst morgens schon um drei statt um vier aufstehen müssen.

Als die Maskenbildnerin mit mir fertig war, brauchte ich eigentlich nur noch in den Spiegel zu schauen und denjenigen, der mich darin anblickte, zum Leben erwecken, das heißt, ich schlüpfte mit meiner Seele in diese Gestalt wie die Hand eines Puppenspielers in die Puppe.

Der Räuber Hotzenplotz funktionierte gar nicht so sehr viel anders, außer dass ich mir für ihn eine eigene Stimme aussuchen konnte. Ich muss jedes Mal eigentlich nichts weiter tun, außer entweder die Figur in mich einzulassen oder in sie hineinzugehen.

YouTube oder Schauspielschule?

Soll man nun erst zum Theater und danach zum Film? Es ist ein hartnäckiges Vorurteil, dass Theaterschauspiel das wahre Schauspiel sei und Film das minderwertigere. Es gibt natürlich genauso viele schlechte Bühnenschauspieler wie schlechte Filmschauspieler. Der Vorteil, den der Bühnenschauspieler von Haus aus hat, sind die besseren Texte. Meistens. Texte, die Shakespeare geschrieben hat, Texte von Brecht, von Sophokles, von Botho Strauss, von Roland Schimmelpfennig etc. Man steht durch die Texte dieser Herren meist sehr gut da und kommt so schnell nicht in die Verlegenheit, einen Verliebten zu spielen und prompt und überraschend sagen zu müssen: «Ich bin total verliebt in dich!» Ja, wer hätte das gedacht! Auf der Bühne wird das Gleiche ausgedrückt – allerdings in Worten, die das Gemeinte nicht einfach nur eins zu eins illustrieren. Natürlich gibt es brillante Drehbuchautoren, aber eben auch viele, die bestenfalls durchschnittlich sind.

Film oder Theater – was ist schwerer? Was ist wichtiger? Man muss sich nicht entscheiden. Denn diese Entscheidung wird man nicht selber herbeiführen können. Ich kann als Theaterschauspieler zwar Kontakte knüpfen mit der Film- und Fernsehbranche und – wie ich damals – drei freie Tage erkämpfen, um im *Tatort* mitzuspielen. Die Entscheidung aber treffen andere. Wer sieht mich? Wer bemerkt mich in welcher Rolle? Wen treffe ich durch Zufall? Darauf kommt es an.

Ich war noch immer am Theater und hatte mehrere kleine TV- und Kinorollen gespielt, als mich mein Kollege Michael Brandner mal wieder zu überreden versuchte, endlich ins Filmgeschäft zu wechseln und mein festes Bühnenengagement aufzugeben. Er hatte damals in München eine ganz spezielle Frau getroffen, Carola Studlar. Ich hatte noch nie von ihr gehört. Doch der Name bekam sofort Glanz, als er mir erklärte, diese Frau werde eine Agentur eröffnen und auch unbekannte, aber vielversprechende Schauspieler aufnehmen. Das war Ende der achtziger Jahre.

Michael kam mit seinem alten Mercedes vorbei, packte mich ein und fuhr mit mir nach München. «Wir treffen ein paar Leute», sagte er. Das war dann die angehende Agentin, die mich sofort aufnahm. Dann hatte ich Termine bei den drei Casting-Frauen Sabine Schroth, Risa Kees und Ann Dorthe Braker.

Eigentlich brauchte ich zu diesem Zeitpunkt noch keine Agentin, da ich am Bochumer Schauspielhaus fest engagiert war. Ich brachte Carola aber doch ins Spiel und ließ sie meine nächste Theatergage verhandeln. Sie geriet für die damaligen Verhältnisse astronomisch. Die beiden Kollegen in Bochum, die mit mir in einer Gewichtsklasse spielten, profitierten davon und wurden entsprechend mitbegünstigt. Es war absolut unüblich, was ich da machte, und mein Intendant war nicht amüsiert. Jedes Mal, wenn er mich in den Gängen des Theaters traf, machte er übellaunige Scherze über «Rohde und seine Agentin». Waren wir denn nicht alle eine große, wunderbare Familie am Theater? Wozu braucht da ein Schauspieler eine Agentur?

Aber ab wann braucht ein Schauspieler eine Agentur? Sucht ein eifriges Nachwuchstalent gleichzeitig nach Schauspielschule und Agentur, ist das sicherlich zu früh. Man sollte damit beginnen, sobald man vorhat, in Film und Fernsehen einzusteigen, oder wenn man am Theater den Glauben daran verloren hat, dass die Interessen des Apparates identisch mit den eigenen sind. Dieser erste Agent sollte die Hand am Puls der Branche haben. Er sollte wissen, wer was wo wann mit wem dreht. Er sollte gute Kontakte haben, die ihn über geplante Projekte frühzeitig in Kenntnis setzen.

Viele denken, ein guter Agent sei einer, der seinen Klienten viele Aufträge verschafft. Ein Agent kann keine Aufträge verschaffen! Ein Agent kann nicht akquirieren. Das wissen viele Schauspieler nicht und erwarten Wunderdinge. Ein Agent muss den Schauspieler gekonnt verwalten. Er muss dafür sorgen, dass die richtigen Bilder zum richtigen Zeitpunkt auf den richtigen Schreibtischen liegen. Er muss den Schauspieler ins Gespräch bringen, sobald er von einem passenden Filmprojekt erfährt. Aber er kann sich nichts aus den Rippen schneiden. Und mit ihm kommt auch nicht zwingend der Erfolg.

Es gibt viele schlechte und selbsternannte Agenten, die

glauben, es reiche aus, die Geschäfte von zu Hause per Telefon, Mail und Fax zu regeln. Solche Agenten tauchen nie irgendwo auf, wo sich die Branche trifft. Ein guter Agent wird dem Schauspieler sagen können, wie wichtig es ist, zuverlässig zu sein. Er wird ihm sagen können, wie wichtig es ist, nicht wie ein Bittsteller herumzulaufen. Er wird ihm sagen können, welche Einladung erstrebenswert und welche verzichtbar ist. Er funktioniert zuweilen wie eine Firewall im Internet, die viele Dinge durchlässt und – eigentlich noch wichtiger – viele zurückhält.

Es gibt Kollegen, die können sich selber managen. Ich kann das nicht. Ich rede lieber über die Inhalte der Rolle. Wie das Kostüm aussehen soll. Was man vielleicht noch an den Dialogen ändern kann. Über die Finanzen und Begleitumstände soll zu dem Zeitpunkt schon ein anderer verhandelt haben. Von meinem Agententeam bin ich da sehr verwöhnt.

Nur eines sollte man als Schauspieler nie tun. Egal ob mit oder ohne Agentur: Fahre niemals zum Regisseur und biete dich für eine Rolle an! Niemals! Ein Tabu! Ein guter Regisseur kommt selber auf die Idee, dich anzurufen. Gleiches gilt für Produzenten und Redakteure.

Filmschauspieler und Theaterschauspieler sind fast zwei unterschiedliche Berufe. Die Kamera sieht Dinge, die der Zuschauer im Theater nicht sieht. Sie kann Details in Großaufnahme zeigen. Sie kann minimale Regungen in der Mimik offenbaren, für die man auf der Bühne erst mal Mittel finden muss. Mittel, die einen befähigen, kleine und kostbare Dinge herauszugeben an den Zuschauersaal. Nicht jeder ist zu beiden Berufen in der Lage.

Humphrey Bogart in einer Molière-Inszenierung als eingebildeter Kranker? Vielleicht.

Als Kleinganove und Möchtegernreporter Harry Malz in *Die Medienqualle*: «Lassen Sie mich durch, ich bin vom Fernsehen.»

Müssen wir spielen, was wir wollen?

Nach vier Jahren Folkwang-Schule durfte ich mich «Schauspieler» nennen. Meine erste Rolle nach der Ausbildung war, wie bereits erwähnt, der dritte Räuber von links in Alfred Kirchners *Räuber*-Inszenierung, die im Juni 1984 Premiere hatte. Kirchner war auf der Suche nach jungen Schauspielern an die Folkwang-Schule gekommen, und seine Wahl traf unter anderem mich. So kam ich an das Schauspielhaus Bochum, im Gepäck meinen imaginären Handwerkskoffer aus feinstem Leder, gefüllt mit allerfeinstem Werkzeug.

Unter der Führung von Rolf Henninger hatten wir gelernt: Schauspielerei ist alles Mögliche, aber sie ist niemals einfach nur IRGENDWIE IRGENDWAS machen. Im Klartext: Ich war an konkrete Regieanweisungen gewöhnt. Nun war Kirchner nicht Henninger, und seine erste Regieanweisung an uns Schauspieler lautete: «Jetzt kommt mal alle IRGENDWIE und macht mal IRGENDWIE IRGENDWAS Lustiges.»

Augenblicklich dachte ich: Hier wird das deutsche Theater verraten! In mir empörte sich alles. Mit dieser Freiheit konnte ich nichts anfangen. Ich war viel zu unerfahren, kam aus einer anderen Regieschule und war einfach nur ratlos. So müssen sich Kinder in einem antiautoritären Kindergarten fühlen, wenn morgens ein Knirps die Kindergärtnerin fragt: «Müssen wir heute wieder spielen, was wir wollen?»

In *Der große Diktator* gibt es eine wunderbare Szene mit Charlie Chaplin, in der er mitten im Pulverdampf steht, mit Gewehr und Tornister. Er hat seine Kompanie verloren, alleine, hilf- und orientierungslos steht er da in diesem Nebel und ruft: «Huhu, Herr Hauptmann! Huhu, Herr Hauptmann!» Ich glaube, ich weiß, wie ihm zumute war.

Die Räuber wurden inszeniert als fiebriger Jungentraum in der Karlsschule. Schiller war in seiner Jugend Schüler dieser finsteren Kadettenanstalt, und hier schrieb er auch *Die Räuber*. Kontakt zum weiblichen Geschlecht soll er in dieser Zeit kaum gehabt haben. Wahrscheinlich ist das der Grund dafür, dass es in dem Stück nur eine einzige Frauenrolle gibt, und zwar die des Fräuleins Amalia von Edelreich, die dazu noch als unspielbar gilt, weil psychologisch wenig nachvollziehbar.

Der Räuber Grimm – also ich – eröffnete den Theaterabend, indem er sich träumend von seiner Bettstatt erhob und wie ein Schlafwandler im schulterhohen preußischen Stechschritt an der Rampe entlangmarschierte. Danach legte er sich wieder hin und zog sich die Decke über den Kopf. Das war an diesem Abend auch schon mein bemerkenswertester Auftritt.

Kirchner inszenierte das Stück als Knabentheater, das heißt, auch die Amalia war mit einem männlichen Darsteller besetzt, und zwar mit Ulrich Wesselmann. Er trug einen Reifrock zum Anstaltshemd, und wann immer er den Handrücken an die Stirn hob und mit seinem etwas mädchenhaften Gesicht zu Franz von Moor «Hinweg, Lotterbube» sagte, tobte der Saal. Wahrscheinlich wird nie wieder in der Geschichte der *Räuber*-Inszenierungen eine Schauspielerin oder ein Schauspieler es schaffen, in der Rolle der Amalia Franz und Karl von Moor an die Wand zu spielen. Uli Wesselmann schaffte es. Damit sollte ihm ein würdiger Platz in der Theatergeschichte sicher sein. Aus Gründen, die ich nicht kenne, nahm er sich 1994 das Leben.

Ein junger Schauspieler muss viel einstecken können. Bei einer Theaterprobe kann ein Regisseur durchaus Sätze fallenlassen wie: «Du stehst da rum wie ein Sack Zement!», «Du latschst wie ein schwangerer Dackel», «Du spielst einen starken, selbstbewussten Eroberer. Was ich sehe, ist ein Weichei, ein armes Würstchen!», «Deine letzten drei Sätze hab ich kaum verstanden, die haben sich angehört, als würdest du gleichzeitig am Daumen lutschen». So was nicht als persönliche Beleidigung aufzufassen, das muss ein junger Mensch erst mal trainieren.

Besonders entmutigend sind solche Ansagen, wenn man eine Liebesszene zu spielen hat. Ein Spielführer, der zu einem Schauspieler sagt: «Gib dich mal erotischer, mach das mal sexy!», kann einen in die Knie zwingen, besonders in Gegenwart der anzuspielenden Partnerin. Was erotisch ist, hängt von einem sehr persönlichen Verständnis ab, und wenn ein Regisseur einfordert, «betörender» oder «angetörnter» oder eben «irgendwie erotischer» zu spielen, wird er hinterher Probleme haben, den Schauspieler wieder aufzubauen und dahin zu bringen, dass er dann wirklich sexy sein kann.

Hat ein Schauspieler bei Liebesszenen Hemmungen, wird ihn ein guter Regisseur nicht wie ein Diktator – und schon gar nicht vor dem versammelten Ensemble – auf seine Schwäche hinweisen, sondern ihn wie ein beratender Freund auf die Seite nehmen. Ähnlich katastrophal und vernichtend sind auch Aufforderungen wie: «Sei mal spontan!» oder «Mach mal was Lustiges, du bist doch Schauspieler!». Manchmal überlegt man sich da schon, den Beruf an den Nagel zu hängen, auszuwandern und irgendwo in Neuseeland Schafe zu züchten oder sonst was. Hauptsache irgendwas, wobei einem garantiert kein Mensch zuschaut. Irgendwie.

Als Schauspieler ist man Hersteller, Produkt und Verkäufer in einer Person. Das Rohmaterial sowieso. Selbst wenn der Profi in mir gelernt hat, Privates vom Beruflichen zu unterscheiden, trifft Kritik deswegen nicht weniger hart. Ein paar Tage nach der Premiere kann man mich dann auf meine Leistung ansprechen: «Es war toll, Herr Rohde, aber ...»

Wenn ich am Premierenabend noch dampfend aus dem Bühnenausgang kam, standen mir so manches Mal Leute im Weg, nur um mir zu erzählen, an welchen Stellen sie mich heute Abend scheiße fanden. Diese Menschen habe ich einfach zur Seite geschoben und bin zum Abschminken und Duschen in meine Garderobe gegangen. Solchen Kritikern ist nicht klar, dass der Schauspieler nach der Vorstellung noch mehrere Stunden lang den Paragraphen 51 b genießt, der sein Handeln unter Unzurechnungsfähigkeit stellt.

Ein Schauspieler kann nur überleben mit einem dicken Fell. Einerseits muss er für alles sensibel sein wie ein Baby, für alles offen, ganz weich und biegsam. Andererseits braucht er eine Krokodilshaut, um Kränkungen und Verletzungen zu verkraften. Sammeln sich die Verletzungen an, bis es nur noch giftig und depressiv in einem brodelt, taugt man für den Beruf höchstwahrscheinlich nicht. Ich spüre bei Kollegen, wenn sich diese Beschädigungen wie ein Bodensatz in ihrer Seele ablagern. Sie entwickeln eine Schwere, die sie am Springen hindert. Vor allem am Springen über den eigenen Schatten. Und das muss man in diesem Beruf immer wieder.

Kränkungen können wehtun, dürfen wehtun, aber dann muss man sie pulverisieren und die Asche wieder mal auf das imaginäre Schiffchen setzen, ins Segel blasen, hinterherwinken – und gut ist. Und wenn man es nicht kann, muss man sich entsprechend erziehen. Notfalls mit Hilfe guter Freunde oder Therapeuten.

Sturm und Schiffbruch

Ich spielte am Bochumer Schauspielhaus in einer Inszenierung von *Der Sturm* mit und hatte in dem Shakespeare-Stück die Rolle des Caliban. Da Regisseur und Kostümbildner so ganz und gar keinen Vorschlag für mich hatten, erarbeitete ich mir mein Kostüm für diese Rolle selbst. Caliban, ein auf einer Insel geborener «Wilder», der später in einem herrschaftlichen Haus erzogen wird, ist eine sehr vielschichtige Figur. Ich hatte die Vision, ihn in einer Schuljungenuniform auftreten zu lassen. Aus früheren Zeiten mit weißem Kragen und kurzen Hosen. Dieser Entwurf wurde offiziell akzeptiert, und wochenlang lief ich so auf den Proben herum.

Eines Morgens betrat ich meine Garderobe, und auf meinem Platz hing etwas, das aussah, wie wohl das Kostüm eines Schneewittchenzwerges im Weihnachtsmärchen in Mährisch-Ostrau in den fünfziger Jahren ausgesehen haben mag: verziert mit bunten Moosflechten und «dekorativen» Rissen. Irgendein geschmackloser Volltrottel hatte sich an meinem Caliban-Kostüm vergangen. Ich war außer mir vor Fassungslosigkeit und Wut. Auf so einen kranken Einfall konnte der Kostümbildner nicht von alleine gekommen sein, ich ahnte, dass der Regisseur dahintersteckte, der einen unverkennbaren Hang zur Verharmlosung und Verniedlichung des Shakespeare-Stückes hatte. Das Kostüm war faktisch für mich unbrauchbar gemacht worden. Es war ein Gefühl, als hätte mir jemand die Wohnung ausgeräuchert.

Tobend durchstreifte ich das Theater auf der Suche nach dem Übeltäter. Dem war meine schlechte Laune schon zu Ohren gekommen, weshalb er sich irgendwo in den verschlungenen Gängen des Theaters versteckt hielt, und als ich ihn Stunden später in der Kantine erwischte – meine heiße Empörung war inzwischen einer kalten Wut gewichen –, stritt er alles mit durchschaubaren Lügen ab. Damit hörte der Unfrieden aber nicht auf. Noch ein weiterer Einfall meinerseits ging ihm zu weit. Bei meinem Zahnarzt hatte ich mir in Eigeninitiative ein falsches Gebiss für Caliban machen lassen, mit großen Fang- und abgebrochenen Schneidezähnen. Dazu ließ ich mir in der Schuhmacherei des Theaters einen breiten Lederkragen mit einem Stahlbügel anfertigen, der sich in einem Bogen über Kopf und Gesicht spannte und mich so am Zubeißen hindern sollte. Gebiss, Lederkragen und Stahlbügel sollten einen Kontrast zu dem adretten Schuljungenkostüm bilden und zum Ausdruck bringen: Da ist jemand Unzivilisiertes, der unter wilden Tieren aufgewachsen ist und auch schon mal zubeißt.

Es kann ja durchaus sein, dass ein Schauspieler von einer Rolle eine klare Vorstellung hat, die anders ist als die des Regisseurs. Dann versucht man halt, sich zivilisiert zu einigen. Aber was willste machen, wenn der Regisseur nur ächzt und stöhnt, nichts bietet und nichts fordert und den Schauspieler im Nebel verrecken lässt?

«Huhu, Herr Hauptmann.»

Während einer Probe, ich trug gerade das eigens angefertigte Gestell, kam der Regisseur in einer Haltung zu mir auf die Bühne, als wolle er eine Schlägerei anfangen. Ich fletschte die Zähne und zwang mich, nicht ausfallend zu werden. Den Gefallen, ihm eine reinzuhauen, wollte ich ihm erst recht nicht tun. Der Kampf ging weiter, bis zum Eklat.

Bei einer Probe rief er aus dem Dunkel des Zuschauersaales: «Du bist eben nicht in der Lage, den Caliban zu spielen.»

Daraufhin ich: «Könnten wir spaßeshalber überlegen, ob du der richtige Regisseur dafür bist?»

Mein Angebot, gemeinsam darüber nachzudenken, nahm er nicht an. Stattdessen fuhr er mit seinen persönlichen Angriffen fort. Schließlich bat ich den Intendanten Frank-Patrick Steckel, sich eine Durchlaufprobe anzuschauen. Bei einer solchen Probe geht es nicht um einzelne Szenen, sondern das Theaterstück in seiner Gesamtheit wird durchgespielt.

Bei dieser Vorführung entfernte ich in einem Akt ein Tuch von einer Türöffnung, so wie es abgesprochen war.

Aus dem Zuschauerraum hörte ich den Regisseur kläffen: «Was treibst du denn da?»

In diesem Moment unterbrach ich mein Spiel – bei Durchlaufproben eher unüblich –, ging zur Rampe und erwiderte: «Das war dein Regieeinfall. Was hier oben abläuft, ist deine Regie. Das musst du jetzt aushalten, halt dich zurück und lass uns in Ruhe arbeiten.»

Statt zu antworten, kam er auf die Bühne, wie ein Zuschauer, der sich nicht im Griff hat, und es entstand ein eigenartiges Ballett. Einige meiner Mitspieler kamen näher, um nichts zu verpassen, andere zogen sich zurück, damit es hinterher nur ja nicht hieß, sie hätten den Streit eskalieren lassen. Steckel war, befremdet und noch etwas unentschlossen, inzwischen auch auf der Bühne angelangt, und zwischen ihm und mir stand wie ein rauflustiger Halbstarker der Regisseur. Ich muss gestehen, dass ich es mir nicht verkneifen konnte, ihm mit Daumen und Zeigefinger zu zeigen, für wie groß ich ihn hielt.

Die Inszenierung jedoch war nicht mehr zu retten, und mein Caliban erblickte nie das Licht der Welt. In mehrfacher Hinsicht eine Katastrophe, denn zweieinhalb Monate Probenarbeit waren damit umsonst und insgesamt 400 000 D-Mark (etwa 190 000 Euro) in den Sand gesetzt. Einige Wochen später wurde ein Bühnenschiedsgericht angeordnet. Das

Gericht tagte an einem langen, schwarz bezogenen Tisch. Da die Rolle des Caliban auch körperlich sehr anstrengend war, hatte ich vor den Proben regelmäßig ein paar Kampfübungen gemacht, um mich zu lockern und zu kräftigen. Diese Übungen sollte ich nun dem Gericht vorführen und erzielte damit einen rätselhaften Lacherfolg. Der Regisseur hatte allen Ernstes behauptet, aus Angst vor mir hätte er die Inszenierung abgebrochen, denn ich hätte ihn mit Karateschlägen bedroht. Mittlerweile inszeniert er nur noch Opern, da wird weniger gefragt und besser bezahlt.

Ein derartiger Streitfall ist gottlob die unrühmliche Ausnahme, und vertragliche Details spielen im Regelfall keine so unproduktive Rolle.

Aber: Als Schauspieler stehe ich unter Vertrag und bin, wie es in nüchternem Vertragsdeutsch heißt, «weisungsgebunden» und habe rein rechtlich den Anordnungen des Regisseurs Folge zu leisten, selbst wenn sie noch so hirnrissig erscheinen. Ich muss also zu allem bereit sein: mich gegebenenfalls nackt ausziehen oder mit einer brennenden Kerze im Hintern die Internationale singen. Was aber ist noch künstlerische Freiheit, was ergibt einen Sinn und was grenzt dagegen an Körperverletzung? Wie kann ich gute verrückte Einfälle von Neurosen, Machtgelüsten und sadistischen Vorlieben eines Spielführers unterscheiden?

Es gibt nicht viele Regisseure, die so veranlagt sind, doch es gibt sie, allerdings eher am Theater, weil da die Zeit nichts kostet, und gerne in Kombination von Faulheit und jämmerlicher Phantasie. Ungefähr nach Karl Kraus: Ein Schein von Tiefe entsteht oft dadurch, wenn ein Flachkopf zugleich noch ein Wirrkopf ist.

Wie geht ein Schauspieler mit so jemandem um? Wie

kann er sich gegebenenfalls verteidigen und wehren? Und in tiefer Ratlosigkeit stellt er sich die Fragen: «Bin ich tatsächlich an einen dieser Schinder geraten? Oder könnte es sein, dass ich vielleicht nur gekränkt und überfordert bin?»

Die Arbeitsvorgänge für Schauspieler sind derart komplex, dass es meist nicht unmittelbar sinnfällig wird – weder für die Beteiligten noch für Außenstehende –, ob spießbürgerlicher Irrsinn oder eine genialische Hand die Zügel führt. Mein aufrichtiges Mitgefühl gilt allen Kollegen, die an Schaumschläger geraten sind.

Eine andere Art von Quälerei besteht darin, stundenlang oder sogar tage- und wochenlang improvisieren zu müssen, ohne von der Regie einen Wegweiser in Richtung Rolle und Situation zu erhalten, ohne erkennbares Ziel und fernab der Textvorlage mit möglicherweise sogar selbst zu erfindendem Text oder unartikuliertem Gebrabbel. Es gibt solche Proben, ich habe sie selbst erlebt und von Kollegen darüber berichtet bekommen.

Da sitzt dann ein ratloser, uninspirierter Regisseur in der geschützten Tiefe des dunklen Zuschauersaales und lässt sich von den Schauspielern Ideen in die leeren Kammern der eigenen Schaffenskraft liefern. Und wenn der Schauspieler diese Leere nicht länger leugnen und ertragen kann und protestiert, könnte der künstlerische Leiter der Veranstaltung dann nicht zu Recht einwenden: «Sicher, *du* willst das nicht machen, aber die Figur, die du spielen sollst, *die* will das!» Schon steckt man im nächsten Dilemma. Hat der Regisseur tatsächlich recht, oder ist eine solche Antwort nur ein infames Totschlagargument? Wie soll man das alles auseinanderhalten? Nicht wenige hervorragende Begabungen sind so schon vom Theater vertrieben worden. Im Zweifelsfall würde ich immer einen erfahrenen Kollegen fragen, von dem ich annehme, dass er die Lage überschauen und beurteilen kann. Oder den Intendanten bitten, sich unbemerkt die Proben anzusehen. Nichts ist bedauerlicher in der Arbeit als ein Zustand, in dem die alles entscheidende Frage die Machtfrage ist.

Noch während meiner *Räuber*-Proben bekam ich ein Engagement in Bielefeld. Ich hatte drei unterschiedliche Rollenausschnitte vorgesprochen und einen Zweijahresvertrag angeboten bekommen. Warum ich nicht in Bochum blieb? Unter dem Intendanten Claus Peymann gab es dort eine Gruppe ehrgeiziger, junger männlicher Schauspieler, die ich für mich «die Prinzengarde» nannte. Mir war klar, dass meine Chancen, am Schauspielhaus Bochum in absehbarer Zukunft größere Rollen zu bekommen, verschwindend gering waren. In Bielefeld dagegen spielte ich von 1984 bis 1986 eine Hauptrolle nach der anderen. Dann wechselte Peymann als Intendant an das Wiener Burgtheater, und aus Frankfurt kam Frank-Patrick Steckel als sein Nachfolger nach Bochum.

Die Karten wurden also neu gemischt, und ich bewarb mich um ein Vorsprechen. Dafür musste ich einmal in Frankfurt und ein zweites Mal in Bochum antreten – und wurde mit einem Dreijahresvertrag engagiert. Als erfolgsverwöhnter Mann kam ich wieder in Bochum an. Ich war so siegesgewohnt, so getragen von meinen Bielefelder Erfolgen, dass ich gar nicht auf die Idee kam, dass sich das irgendwann einmal ändern könnte. Auch Lampenfieber kannte ich bis dahin nicht. In dem neuen Ensemble fühlte ich mich wohl.

Die erste Rolle, die ich spielen sollte, den Schiffssteward Dvornichek in Tom Stoppards *Stürmische Überfahrt*, empfand ich als angemessene Herausforderung. Wochen vor Probenbeginn lauerte ich an der Bühnenpforte, in der Hoffnung, der Regisseur würde vielleicht schon mal vorbeischauen.

Tat er natürlich nicht. Ich konnte es nicht erwarten, über die spannende Rolle mit ihm zu reden. Armin Rohde kann alles, mit dieser Einstellung ging ich zu den Proben. Doch je mehr ich mitbekam, was der Regisseur B. K. Tragelehn von mir verlangte, umso nervöser wurde ich, und irgendwann stellte sich ein vollkommen neues Gefühl bei mir ein: die Angst, mit einer Spielaufgabe zu versagen.

Kann man an Lampenfieber sterben?

Die Angst zu versagen begleitet die meisten Schauspieler ein Leben lang in Form von Lampenfieber. Aber wie bedrohlich ist dieses Fieber? Kann man vielleicht sogar daran sterben? Um es kurz zu machen: Natürlich kann man an Lampenfieber sterben, rein subjektiv für einen selber jedenfalls, für alle anderen ist man einfach nur etwas labil und verstört, stiller und schüchterner, reizbarer und schneller beleidigt als sonst, sagt dauernd aufmunternde Sachen wie «O Mannomann, ich weiß ja nicht...», oder man ist gar nicht zu sehen, weil man wegen Erbrechen und Durchfall vom Klo nicht runterkommt. Also, um es noch kürzer zu machen: Man überlebt, und meistens ist das Lampenfieber auch schon weg, wenn man dann endlich spielen darf.

Aber nicht immer – und das ist dann wirklich grauenhaft, da kann man nichts beschönigen, ein Albtraum, das ist dann jedoch auch kein Lampenfieber mehr, das ist dann einfach blanke Panik.

Die Vorstellung, jetzt gleich vor anderen Leuten über Stunden hinweg so zu tun, als wäre ich ein König, der schon seit ein paar hundert Jahren tot ist, und dabei Worte zu sagen, die ich mir nicht selber ausgedacht habe, in Klamotten, die schlimmer als nur aus der Mode sind – manchmal kann einen allein der Gedanke daran zum Erröten bringen, und dann steht man neben sich wie ein Reiter neben seinem gerade im Galopp vom Blitz erschlagenen Pferd, und dazu die Paranoia, die gucken alle so komisch, die wissen, dass ich Angst habe, wissen, dass ich mir das alles gerade selbst nicht glaube, dass alles unecht ist, Gekasper – yes, Sir! –, manchmal *sind* die Hosen so kurz. Gott sei Dank sind diese Zustände eher selten und halten auch nicht sehr lange an, und wenn's doch immer so ist, braucht man eigentlich ärztliche Hilfe oder eher einen anderen Beruf – obwohl es Schauspieler gibt, die sind verknallt in die Angst, die brauchen das, um Höchstleistung zu erbringen. Aber wie sagt der Kölner versunken vorm Fischaquarium? «Jaanze Daach onger Wasser – könnt isch nit», also mein Fall wär's nicht. Ohne Angst und entspannt spielt sich's einfach besser.

Beim Drehen hab ich nie Lampenfieber oder Angst, außer vor Aktionen, bei denen man sich übel wehtun kann. Vor dem ersten Drehtag mit einem Regisseur, mit dem ich noch nicht gearbeitet habe, bin ich allerdings nervös.
So nervös, dass ich die Nacht davor kaum ein Auge zukriege. Das kommt von der Ungewissheit: Wie viel Raum gibt er mir? Muss ich kämpfen um jeden Zentimeter Boden, oder wird er mich gewähren lassen, mich einfühlsam korrigieren, Vorschläge machen, die mich weiterbringen? Lässt er mich so gut sein, wie ich sein kann?

Gut sein bedeutet jedes Mal etwas anderes. Das Theaterstück *Stürmische Überfahrt* erzählt von einer Geschichte, die auf hoher See spielt. Zwei Theaterautoren fahren von einem englischen Hafen aus mit ihrem Hauptdarsteller und ihrer

Hauptdarstellerin nach New York, um dort eine Inszenierung am Broadway zu machen. Das Stück ist noch nicht fertig, doch aus Gründen, die niemand kennt, kann ihnen der Schiffssteward Dvornichek an entscheidenden Stellen jedes Mal weiterhelfen. Plötzlich setzt ein Sturm ein, das Meer ist vollkommen aufgepeitscht. Dvornichek ist der Einzige, der an Deck noch gerade stehen kann.

Eine spezielle Herausforderung bei dieser Rolle war, dass ich immer wieder in einer Schräglage von fünfundvierzig Grad zur Bühne stehen musste, dabei ein Tablett mit Cognacgläsern zu balancieren und Monologe in einem rasanten Tempo abzufeuern hatte. Um dieses Kunststück hinzubekommen, wurde in die Absätze meiner Schuhe jeweils eine in Gehrichtung gespreizte V-förmige Schiene aus Stahl eingearbeitet. Als Gegenpassung drehten die Bühnenhandwerker diverse Schraubenköpfe in den Bühnenboden ein, sodass ich mich nach einem unauffälligen Ansteuern dieser Schrauben mittels der Schiene einhaken konnte und mich dann in die Schräglage kippen ließ.

Von da an war Muskelarbeit gefordert, besonders von Waden, Rücken und Pobacken. Da ich aber nicht ganz schwindelfrei bin, gab es eine weitere Verschärfung. Die Bühnenmitte wurde von einer hohen Showtreppe eingenommen, über die ich immer wieder aufzutreten hatte. Daher hatte ich vor jedem Auftritt einen Heidenbammel. Von der obersten Stufe aus musste ich die Schrauben fürs Schrägstehen anvisieren, um unten nicht erst danach suchen zu müssen. Wenn ich da oben stand, hatte ich regelmäßig ein Gefühl, als wiche mir das Blut aus dem Kopf, und ein Satz des Regisseurs B. K. Tragelehn von den Proben wiederholte sich ohne mein Zutun in meinem Hirn:

«Mit der Betonung wird suggeriert, dass man wüsste, was

einem wichtig ist – aber im Grunde hat man nur betont und nicht nachgedacht.»

Was interessierte mich jetzt die Betonung? Ich musste mich mit dieser grässlichen Nervosität auseinandersetzen. Wie ein lästiges Tier wollte ich sie abschütteln, doch sie ließ nicht so leicht los. Ich war wirklich gefordert: die schräg angebrachte Freitreppe herunterkommen, Schrauben finden, Schwindelgefühle unter Kontrolle halten, Tablett halten, ohne dass die Cognacgläser umfallen, einen gigantischen Monolog sprechen. Schweißgebadet versuchte ich während der Premiere, alles richtig zu machen. Ich war aber so angestrengt, dass ich einen Aussetzer hatte. Ein Aussetzer ist kein Hänger, es ist ein Blackout.

Ich war ins Wasser gefallen, trug einen altmodischen Zwanziger-Jahre-Badeanzug mit Trägern, dazu die besagten Schuhe mit den V-förmigen Schienen, die Haare triefen vor Nässe, und ich fing an: «Sir Reginald Sackville Stew, der quer durch den überfüllten Ballsaal die glückliche Gewinnerin entdeckt, ist auf der Stelle hingerissen von Ilona, die ihn ...»

Schon am Anfang des Satzes hatte ich das schleichende, kleine Gefühl im Nacken, es würde eine böse, große Maschine wie in Zeitlupe auf mich zurollen, und auf einmal tat sich ein schwarzes Loch vor mir auf, und der Raum um mich herum war, als wäre er in blendendem Licht verzerrt und gedehnt. Hätte jemand mich in diesem Moment nach meinem Namen gefragt, ich hätte ihn nicht gewusst. Da war nur eine entsetzliche dröhnende Stille, alle schienen mit dem Finger auf mich zu zeigen und mit leisem Bedauern zu sagen: «Da vorne steht er, der Rohde, geschminkt hat er sich, verkleidet hat er sich, und weiß nicht mehr, wie's weitergeht.»

Ich war sicher: Alle werden mich in Zukunft meiden, keiner wird mich mehr grüßen. In dieses gnadenlose Schweigen hinein hörte ich irgendwann ein merkwürdiges Gemurmel. Was war das? Was hatte das zu bedeuten? Konnte dieses grausame Geflüster denn nicht aufhören? Oder wollte doch noch einer mit mir reden? Schließlich merkte ich, dass es die Souffleuse war, die immer wieder versuchte, mir eine Hilfestellung zu geben. Nach und nach erkannte ich einzelne Wörter, griff sie auf – und fand einen Weg zurück aus der grellen Zone des Blackouts.

Waren in der Zwischenzeit nicht Stunden vergangen? Anscheinend nicht, denn die Zuschauer waren alle noch da, niemand hatte etwas bemerkt, jeder dachte, diese wirkungsvolle Pause gehöre zur Inszenierung, der Schauspieler wolle damit nur die Aufmerksamkeit auf das, was gleich kam, verstärken. Trotzdem hatte ich bei jeder folgenden Vorstellung von *Stürmische Überfahrt* vor diesem speziellen Augenblick furchtbares Lampenfieber.

Viele Menschen denken, dass beim Theater nichts schiefgehen darf, weil man eine Szene auf der Bühne – im Gegensatz zum Film – nicht einfach wiederholen kann. Gut abgehangene Schauspieler besitzen jedoch die Geistesgegenwart, auf bestimmte Situationen augenblicklich zu reagieren. Während ich noch in dem Stück *Scapins Streiche* meine ersten Theatererfahrungen sammelte, spielte Christian Schneller einen Schwiegersohn in spe. Zu seiner Rolle gehörte der Satz: «Vater, ich fall vor Ihnen auf die Knie», wobei der Regisseur bewusst einen realen Kniefall weggelassen hatte. Während einer Vorstellung, Schneller hatte gerade die Worte «Vater, ich fall vor Ihnen auf die Knie» ausgesprochen, rief jemand aus dem Publikum: «Dann mach doch!»

Christian Schneller drehte sich zu dem Zuschauer, sagte: «Das können Sie haben», und fiel auf die Knie.

In diesem Moment war ich baff vor Bewunderung für ihn. Ich fand seine Schlagfertigkeit grandios.

Viele Jahre später klingelte während einer Aufführung das Handy eines Zuschauers. Nicht nur, dass es läutete, der Angerufene hielt es für angemessen, das Gespräch anzunehmen. Zuerst schaute ich ihn stumm an, schließlich fragte ich: «Alles in Ordnung zu Hause? Können wir weitermachen?» Es gab ein paar Lacher aus dem Publikum, und wahrscheinlich hat dieser Mann seitdem bei sämtlichen Theaterbesuchen schon Stunden vorher sein Mobiltelefon ausgeschaltet und dreimal überprüft, ob es auch tatsächlich aus ist.

Was kann man daraus lernen? Ein Schauspieler sollte sich nicht verunsichern lassen. Das Publikum hat den Wunsch, dass die agierende Person auf der Bühne bessere Nerven hat als es selbst. Jedenfalls wünschte ich mir das, wenn ich hin und wieder doch mal die Rolle des Zuschauers einnahm.

Kapitel 10

RAMPENSAU VOR DER KAMERA

1991: als Bierchen in dem Film *Kleine Haie* von Sönke Wortmann

Flattern mit gläsernem Herz

Ich war ein Bühnentier, eine Rampensau. In meinen wildesten Zeiten spielte ich in sieben Theaterproduktionen gleichzeitig, jeden Abend stand ich in einer anderen Rolle auf der Bühne, die meisten davon Hauptrollen, und die Proben für eine achte Inszenierung hatten natürlich schon begonnen.

In einer Vorstellung von Else Lasker-Schülers Schauspiel *Die Wupper* spielte ich eine relativ kleine Rolle, den gläsernen Amadeus, einen Landstreicher. In einer Szene stürzt das Bürgersöhnchen auf der Straße und bittet den Herumtreiber, ihm beim Aufstehen zu helfen. Der gläserne Amadeus hat daraufhin folgende Sätze zu sagen: «Ich kann ihm nich untergreifen, *mein gläsern Herz* bricht in Splittern. En Sprung hat et schon.»

Ausgerechnet in dieser Rolle, als gläserner Amadeus mit dem gläsernen Herzen, bekam ich hinter der Bühne ein Zittern und Flattern im Körper. Unkontrolliert liefen mir die Tränen herunter, und ich befürchtete einen Herzinfarkt, da ich Schmerzen in der Brust und im Arm hatte.

Mein Kollege Georg-Martin Bode meinte: «Hinlegen, Beine hoch, das geht gleich wieder vorbei. Wahrscheinlich hast du zu wenig gegessen, zu wenig geschlafen oder was auch immer.»

So einfach war das mit dem Hinlegen aber nicht. Ich selbst schaffte es nicht mehr bis zur Pritsche in der Garderobe, meine Kollegen mussten mich tragen. An Weiterspielen war nicht zu denken, denn die Schmerzen gingen nicht weg. Besorgt standen sie alle um mich herum und entschieden, den Notarzt zu rufen. Als dieser kam und mich sah, ließ er mich sofort in die nahe gelegene Bergmannsheil-Klinik bringen.

Die Ärzte begrüßten mich mit dem Satz: «Herr Rohde, auf Sie haben wir hier schon gewartet.»

«Wieso?», fragte ich mit heiserer Stimme.

«Wir gehen ab und zu ins Theater, und Sie stehen ja in fast jedem Stück auf der Bühne. Sie sehen übrigens schlimm aus.»

«Danke. Das ist nur die Schminke.»

In der nächsten Sekunde begannen sie damit, Herzinfarkttests zu machen, und auch sonst untersuchten sie mich gründlich. Am Ende stellte sich heraus, dass mein Herz völlig gesund war.

«Woher kommen dann die Schmerzen?», fragte ich.

«Von ein paar ausgerenkten Rippen. Wahrscheinlich ist das bei irgendwelchen Proben passiert, ohne dass Sie es gemerkt haben.»

«Mehr hab ich nicht?»

«Bis auf einen schlichten Nervenzusammenbruch können wir nichts weiter feststellen.»

Einer der Ärzte spritzte mir Valium, und eine Stunde später hockte ich bereits am Tresen in unserer Stammkneipe am Theatervorplatz. Nach der *Wupper*-Vorstellung kamen meine Bühnenkollegen vorbei – so wie ich es gehofft hatte –, einer von ihnen hatte meine letzten Sätze übernommen, und niemandem aus dem Publikum schien das aufgefallen zu sein.

«Sieh an, da steht ja der Invalide», sagten meine Kollegen und grinsten mich an, «und mit 'nem Bier in der Hand.»

«Habt ihr gedacht, mich hat's erwischt?»

«Quatsch! Dich wird es dann erwischen, wenn man dich nicht mehr spielen lässt.»

Recht hatten sie. Ich wollte immer raus auf die Bühne. In den ersten Jahren saß ich selbst an spielfreien Abenden bei den Kollegen in der Garderobe oder neben ihnen beim Maskenbildner, und während der sie für ihren Auftritt schminkte, jammerte ich ihnen vor, dass ich nichts zu tun hätte, dass man mich an diesem Theater nicht ordentlich beschäftigte und verrecken ließe.

Die Älteren unter ihnen meinten damals: «Das ist ja rührend, was du da sagst, aber auch bei dir wird der Tag kommen, an dem du dir Urlaub wünschst.»

Solche Aussagen hakte ich als unkünstlerischen Unsinn ab. Inzwischen sind zwanzig Jahre vergangen, und ich kann mir mittlerweile durchaus vorstellen, hin und wieder einmal Ferien zu machen, und gelegentlich mache ich sogar richtig Urlaub mit Weitwegfliegen, danach sollte aber schon die nächste Rolle auf mich warten.

Arbeit ist für mich die primäre Möglichkeit, mir die Welt begreifbar zu machen. Für Kollegen, die genauso empfinden wie ich, aber kein Engagement bekommen, ist diese Nichtbeschäftigung Folter. Das verstößt gegen das Grundgesetz und allgemeine Menschenrechte. Hätte man mich nicht spielen lassen, ich wäre an mir selbst erstickt.

Die Bühne hat für mich immer noch eine gewisse Anziehungskraft, aber um auf die Bühne zu gelangen, muss man durch das Theater. Dazu gehört es, täglich den Geruch von Frikadellen aus der Kantine in der Nase zu haben, den Angstschweiß der Kollegen zu riechen, durch die Kulissen zu gehen, hinter denen es aussieht wie in einer Fabrik. Von Zauber ist da wenig zu spüren, jede Werkzeugmacherwerkstatt sieht attraktiver aus als ein Theater hinter den Kulissen.

Insgesamt habe ich zwölf Jahre Theater gespielt, davon neuneinhalb Jahre am Schauspielhaus in Bochum, zwei Jahre in Bielefeld und ein halbes Jahr in Bochum und Wuppertal

(vor und parallel zur Schauspielschule). Insgesamt habe ich etwa tausendfünfhundert Vorstellungen gegeben, und die meisten Kollegen konnten sich nicht vorstellen, wie ich ohne Bühne und Publikum leben sollte. Außer für eine Gastrolle bin ich nicht wieder zum Theater zurückgekehrt. Aber um mit James Bond, besser Ian Fleming, zu sprechen: «Sag niemals nie.»

Das Ende meiner Bühnenära hing stark mit dem Weggang des Intendanten des Bochumer Schauspielhauses zusammen. Frank-Patrick Steckel gehörte Anfang der siebziger Jahre zu den Gründungsmitgliedern der Berliner Schaubühne am Halleschen Ufer. Von 1986 bis 1995 übernahm er dann wie erwähnt die Nachfolge von Claus Peymann in Bochum. Für Steckel habe ich Respekt und Liebe empfunden. Er ist ein unglaublich kluger Künstler, ungemein gebildet und politisch informiert. Ein Koloss von Theatermensch, wie es kaum noch welche gibt, ein Dinosaurier, brillant, fordernd und unterhaltsam während der Proben.

Er würde wohl staunen zu erfahren, dass er mir das wichtigste Rüstzeug für meine Arbeit vor der Kamera mitgegeben hat: präzises Denken. Es ist für mich unfassbar, dass man ihn bisher noch nicht wieder als Intendanten an ein Theater berufen hat. Wie kann die deutsche Theaterkultur auf einen solchen Giganten verzichten?

Als er in Bochum aufhörte, fühlte ich mich nicht bereit, mich mit fliegenden Fahnen und mit Leib und Seele dem nächsten Intendanten in die Arme zu werfen. Das war Leander Haußmann, den ich sehr mag, den ich klug und witzig, spannend und hochbegabt finde. Zwar hatte ich Steckel jedes

1982: in der Rolle des Biondello, die kein Mensch kennt, aus Shakespeares Komödie *Der Widerspenstigen Zähmung*

Jahr mit Kündigung gedroht, wenn ich mich unterbeschäftigt fühlte – «Es gibt andere gute Theater, die mehr mit mir anfangen können, dann bin ich eben weg! Kannst mir sechs Rechtsanwälte hinterherschicken, das ist mir scheißegal!» –, aber ich hätte ihn im Leben nicht freiwillig verlassen.

Der Wechsel vom Theater zum Film hatte sich also eher ergeben, er war nicht bewusst geplant. Kleinere Filmrollen hatte ich nebenher schon öfter übernommen, sie waren eine schöne Abwechslung zum Theaterleben: Ich arbeitete nicht immer in derselben Umgebung, nicht ständig in fensterlosen, schwarz ausgehängten Räumen, und sie boten eine gute Möglichkeit, etwas dazuzuverdienen. Als ernsthafte Alternative betrachtete ich die Arbeit vor der Kamera nicht, wenigstens nicht am Anfang.

Aber je öfter ich davor stand, umso mehr faszinierte es mich. Film war nicht nur durch die verschiedenen Orte und Außendrehs etwas anderes als Theater. Ein enormer Unterschied ergab sich durch die Großaufnahme mit all ihren Möglichkeiten. Auf der Bühne gibt es keine Großaufnahmen (auch Close-ups genannt). Oder anders gesagt: Als Theaterschauspieler muss ich so spielen, dass der Zuschauer sich selbst eine Großaufnahme von mir schafft, um für ihn zwei, drei Stunden lang interessant zu bleiben. Das ist ein ewiger Kampf, den ein Bühnendarsteller auszutragen hat, was nicht heißt, dass ein Filmdarsteller nicht zu kämpfen hat. Es gestaltet sich für ihn nur anders.

Ein weiterer Reiz, den das Medium Film bietet: Mit wenig kann man viel sagen. Hier sei an die Geschichte von den zwei Leuten im Café erinnert, die von einem Dritten, der ihnen unsympathisch ist, gestört werden. Schon seit Jahren denke ich über einen gleichwertigen Ausdruck für diesen Filmblick beim Theater nach, bislang ist mir nichts eingefallen.

Das kleinste Muskelzucken im Gesicht wird von der Kamera wahrgenommen. In dieser Hinsicht ist sie ein gnadenloser Zuschauer, zugleich aber auch ein sehr bereitwilliger. Am Set steht sie einfach da und läuft. Sie kann nicht klatschen, nicht anfangen zu husten, keine abfälligen Bemerkungen machen, nicht mit dem Handy herumspielen. Sie hat keine Launen und auch keine Meinung. Sicher, der Kameramann kann Launen und Meinungen haben, obwohl ein Profi sie sich nie anmerken lässt – außer er hat gute Laune, also Spaß an der Arbeit. Doch das Glasauge der Kamera schaut mich, den Schauspieler, einfach an, schaut zu. Ich muss diesem Auge nichts beweisen, nicht um seine Aufmerksamkeit ringen. Aber weil es einfach zuschaut, kann ich auch nichts vor ihm geheim halten.

Oder: Ich sitze mit einem Freund in der Kneipe, wir reden mit Händen und Füßen. Auf einmal merke ich, wie mich eine sehr schöne Frau beobachtet. Wahrscheinlich hat sie es schon einige Zeit über getan. In diesem Moment ändert sich etwas in mir. Stehe ich auf, um mir Zigaretten zu besorgen, stelle ich fest, dass mein Gang unsicherer geworden ist, und ich fange an, meine Hände zu kontrollieren. Soll ich sie beide in die Hosentasche stecken oder besser nur eine? Und beim Weitersprechen stelle ich fest, dass mein Zwerchfell nach oben gerutscht ist: Meine Stimme wird etwas höher – ein sicheres Indiz dafür, dass ich nicht ganz bei mir bin. Ähnliches bewirkt die Kamera für den Ungeübten.

Für mich ist eine Kamera absolut sexy. Der erste Kameramann, mit dem ich darüber offen sprechen konnte, war Kurt Lorenz, mit dem ich *Auf Achse* drehte. Er brachte mir auch bei, mit dem Kompendium zu spielen, jenem rechteckigen schwarzen Rahmen, der das Objektiv umgibt. Dieses Kompendium kann man anspielen wie einen Partner, mit ihm flirten, wobei man es immer vollkommen absichtslos aussehen lassen muss. Spätestens seit den wunderbaren Lektionen von Michael Caine wissen wir, dass wir dabei immer in das kameranahe Auge des Spielpartners schauen und möglichst nicht blinzeln. Genau darin besteht auch der Kampf (und die Kunst) des Schauspielers: Er muss mit der Kamera agieren – und gleichzeitig seine Unbefangenheit bewahren.

Um bei der Kneipen-Geschichte zu bleiben: Wenn ich merke, dass ich beobachtet werde, kann es mich befangen und verlegen machen, sodass mir gar keine Worte mehr einfallen und Schweigen sich ausbreitet. Oder aber ich lege einen drauf. Vor beidem muss ich mich hüten, beides sollte ich vor der Kamera vermeiden. Ich darf vor lauter Hemmungen weder ins Stocken geraten, mir darf nicht die Luft wegbleiben, noch darf ich gelähmt herumstehen. Schauspieler können stattdessen den Zustand der Unschuld bewahren und weitermachen, als wäre niemand anwesend. Sie sind in der Lage, die attraktive Frau oder den gutaussehenden Mann einfach zu ignorieren, ohne ihren oder seinen Blick zu vergessen.

Ein Spiel mit Gas und Bremse. Wie weit kann ich vor der Kamera Gas geben, ohne dass man sagt: «Jetzt macht der Rohde zu viel. Das ist jetzt etwas penetrant»? Und wie stark kann ich auf die Bremse treten, ohne dass meine Darstellung einen zu privaten Charakter bekommt? Die Privatheit von Armin Rohde, die nicht mehr die Privatheit der Rolle ist.

Einen Film zu drehen bedeutet auch: einen bestimmten Ausschnitt der Welt unter wiederholbare Bedingungen zu bringen – gleichsam wie unter Laborbedingungen. Diese exakte Reproduzierbarkeit spielt beim Theater keine Rolle, weil es da keinen Schnitt und somit auch keine Anschlussprobleme gibt. Bei einer chronologischen Arbeitsweise erledigt sich das Problem dadurch, dass es gar nicht erst entsteht. Da man bei den Dreharbeiten eine Szene mehrmals aufnimmt und eine Szene wiederum aus vielen Einzelaufnahmen besteht, muss etwa im Hintergrund immer an derselben Stelle dieselbe Person durchgehen und immer dasselbe Auto vorne links im Bild parken, es darf nicht mal blau oder mal gelb sein.

Die Lichtverhältnisse müssen ebenfalls genau stimmen. Eine Szene, die draußen auf der Straße gedreht wird (für zwei, drei Minuten Film wird oft einen Tag lang gearbeitet), kann nicht bei schönstem Sonnenschein beginnen und bei bewölktem Himmel enden. Oft müssen aufgrund von schnellen Wetterwechseln die Dreharbeiten abgebrochen werden – und das ganze Team schaut nervös zum Himmel hinauf, um zu sehen, wann die Sonne endlich wieder zum Vorschein kommt oder wann sie endlich wieder hinter einer Wolke verschwindet, wenn bei bedecktem Himmel angedreht wurde. Eine gewisse Regendichte kann die Kamera noch ausgleichen, aber bei Wolkenbrüchen ist das nicht mehr möglich.

Film unterscheidet sich vom Theater auch durch die Art des Geschichtenerzählens. Auf der Bühne wird ein Stück vom ersten bis zum letzten Akt durchgespielt, bei Dreharbeiten kommt es vor, dass manche Szenen am Anfang aufgenommen werden, obwohl sie ans Ende des Films gehören. Es passiert aus den verschiedensten Gründen, dass man gleich am ersten Drehtag etwa mit dem Tod der Hauptfigur beginnt, obwohl dies das traurige Finale ist. Ein trainierter Schauspieler hat damit kaum Schwierigkeiten, ebenso wenig, wenn ein Regisseur zu ihm sagt: «Pass auf, vor drei Wochen hast du diese Situation etwas übellauniger gespielt. In der Zwischenzeit musstest du andere Facetten dieser Person darstellen, doch jetzt wäre es wichtig, wieder in diese Stimmung vom Anfang hineinzukommen.»

Ein guter Regisseur hilft einem Schauspieler dabei, ihm

immer wieder die psychologische Kontinuität, die emotionale Fieberkurve einer Rolle klarzumachen. Er spürt oder weiß aber auch, wann es nicht notwendig ist.

Je mehr Filme ich drehte, umso mehr verstand ich, wie sehr sich Theater und Film voneinander unterscheiden. Nur eines begreife ich bis heute nicht: Warum es am Theater oft so hysterisch zugeht. Warum da ein nervöser Regisseur sitzt, der seine Schauspieler verrückt macht, der acht bis zwölf Wochen Zeit hat, eine Inszenierung auf die Beine zu stellen, alle Abteilungen sind in Rufweite, man ist im Trockenen, kein Straßenlärm, kein Flugzeug stört, nirgendwo stehen neugierige Passanten rum, aber ständig hat man das Gefühl, dass die Arbeit kaum zu schaffen ist. Wie gesagt: Ich begreif es nicht.

Doch nun zu etwas völlig anderem: Tischszenen, bei denen gegessen und getrunken wird, sind beim Drehen mit das Härteste und Komplizierteste. In den drei Filmen *Pommery und Putenbrust* (2002), *Pommery und Hochzeitstorte* (2004) sowie *Pommery und Leichenschmaus* (2006) trifft sich die Familie Fischbach immer wieder zu Feierlichkeiten, sei es Weihnachten, eine Hochzeit oder ein Begräbnis. Die Schauspieler, aus denen sich Familie Fischbach zusammensetzt, sind unter anderem Katharina Thalbach, Eva Hassmann, Pierre Besson, Mareike Carrière, Ingo Naujoks und ich.

Im Drehbuch hieß es bei den Tischszenen: «Acht Personen sitzen um einen Tisch herum, essen, trinken und reden miteinander.» Das klingt erst einmal nach keinem allzu großen Aufwand, aber das täuscht gewaltig. Für den Kameramann heißt das: Jeder Schauspieler muss einzeln gedreht werden, danach werden Einstellungen mit jeweils zwei Personen gemacht, die nebeneinander und sich gegenübersitzen, schließlich eine sogenannte Halbtotale, bei der ein Teil der Tischgesellschaft gezeigt wird, am Ende die Totale mit all den Mitspielenden und dem Großteil des Raums.

Als Schauspieler wiederum muss ich mir merken, wie ich etwa die Gabel bei der Großaufnahme gehalten habe. Führte ich gerade einen Bissen zum Mund, oder hielt ich mit ihr ein Stück Fleisch fest, das ich versuchte mit dem Messer kleinzuschneiden? Wollte ich meinen Nebenmann damit füttern? Oder hatte ich überhaupt keine Gabel in der Hand, sondern trank stattdessen einen Schluck Wein? Und bei welchem Wort habe ich eigentlich gekaut? Es kann nämlich sein, dass erst zwölf Einstellungen später der Anschluss des Close-ups fortgesetzt wird – und dennoch muss alles perfekt stimmen. Glücklich ist in diesem Moment nur derjenige, der die Aufgabe hat, ständig etwas Essbares in sich hineinzuschaufeln. Dieses Glück ist allerdings von nur sehr begrenzter Dauer. Selbst der größte Appetit geht nach ein paar Stunden in die Knie. Bei der Rolle eines Fresssacks passt fast jeder Ausschnitt. Oder wer appetitlos am Tisch sitzt und Diät hält.

Es gibt beim Film eine Position, die «Continuity» heißt. Meist ist es eine Frau, die darauf achtet, dass bei einer Anschlussszene das Weinglas nicht voll ist, wenn es vorher halb leer war, dass der Schauspieler an der richtigen Stelle seinen Bissen hinunterschluckt oder die Hände im Nacken verschränkt, wer wann mit welcher Hand nach der Weinflasche gegriffen hat usw.

Ich erinnere mich noch an Szenen, bei denen ich davon ausging, ich hätte sie so atemberaubend gespielt, dass sie bestimmt nicht wiederholt werden müssten.

Sanft trat jedoch die Continuity an mich heran und sagte: «In der vorherigen Einstellung hatten Sie die linke Hand aber auf dem Tisch und nicht in der Hosentasche.»

Am liebsten wollte ich darauf sagen: «Was spielt das für eine Rolle, ich habe doch geil gespielt?» Aber natürlich wusste ich, dass sie recht hatte. Also spielte ich es noch einmal. Und noch einmal. Und noch einmal.

Und wieder hörte ich die Continuity: «Jetzt hatten Sie zwar die Hand auf dem Tisch, aber an der Stelle, wo Sie vorher einen Schluck getrunken haben, gabeln Sie Spaghetti auf.»

Eine einfache Lösung wäre, nichts zu essen und zu trinken, aber das kann eine Person im Rahmen einer Tischgesellschaft nur dann, wenn es zur Rolle passt. Denn der Zuschauer fragt sich sofort: Wieso isst der denn nichts? Liegt ihm etwas im Magen? Ist er traurig? Schmeckt es ihm nicht? Ist er auf Diät?

Alles, was im Filmbild passiert, hat immer eine Aussage, darüber muss man sich im Klaren sein.

Damit sind die Probleme einer Tischszene aber noch längst nicht gelöst. Eine solche zu drehen, dauert meist unendliche Stunden. Je mehr Personen beteiligt sind, umso länger. Dabei soll das Essen dampfen und – obwohl es immer wieder aufgekocht wurde – auch noch seine Attraktivität bewahren.

Als ich meinen ersten Spielfilm machte, *Kassensturz*, gab es eine Szene, in der wir eine Fischsuppe essen mussten. Es wurde nachts gedreht, die heißen Scheinwerfer brannten Stunde um Stunde auf die wieder und wieder aufgewärmte Suppe – auf Dauer war der Geruch, der sich dadurch entwickelte, grauenhaft. Hinterher, beim fertig geschnittenen Film, konnte man jedoch nicht erkennen, dass es sich bei der Suppe um eine Fischsuppe handelte. Man hätte ebenso gut eine Trockenobstsuppe servieren können. Alle Beteiligten waren aber noch nicht erfahren genug, um mit so kleinen Tricks arbeiten zu können. Wir dachten, wir müssten authentisch vorgehen, wir wollten nicht lügen.

Kapitel 11
DOMPTEUR ODER GÄRTNER?

1992: als Mackie Messer (r.) in Bertolt Brechts *Die Dreigroschenoper* zusammen mit Oliver Nägele als Tiger Brown (l.)

So oft habe ich von einem guten Regisseur gesprochen. Was aber zeichnet einen solchen aus? Da eine Theaterinszenierung etwas vollkommen anderes ist als ein Film, sind die Voraussetzungen, die ein guter Regisseur auf dem einen oder anderen Gebiet mitbringen sollte, sehr unterschiedlich. Etwas verbindet sie aber: Beide sind vorbereitet und wissen, was sie erzählen wollen und mit welchen Mitteln.

Danach fangen aber auch schon die Unterschiede an: Ein Theaterregisseur übt mit seinen Schauspielern das ausgewählte Stück in ungefähr zwei, drei Monaten ein, beim Film wird hingegen vor jeder Einstellung geprobt. Die Bühnenproben beginnen damit, dass sich der Regisseur mit dem Ensemble an einen Tisch setzt und ihm erklärt, was er vorhat. Die Schauspieler können Fragen zum Stück und zu ihrer eigenen Rolle stellen. Die Dramaturgie verteilt stapelweise Sekundärliteratur und Bildbände, und kaum ein Schauspieler schafft es, das alles durchzulesen.

Bei diesen sogenannten Leseproben hatte ich es mir angewöhnt, ein, zwei ungeheuer intelligente Fragen gleich am Anfang loszuwerden und mich danach in einen Halbschlaf zu versetzen. Die Leseproben mit Frank-Patrick Steckel waren allerdings hochinteressant. Steckel gehört für mich zu den hervorragenden, wirklich großen Theaterregisseuren. Er besitzt das Talent, den Schauspielern plastisch darzulegen, in welcher Zeit das ausgesuchte Stück spielt, welche gesellschaftlichen und religiösen Zusammenhänge wichtig sind und wie das ganze Geflecht menschlicher Interaktionen zu deuten ist.

Je nach Schwierigkeitsgrad des Theaterstücks dauern die Leseproben mal drei Tage, mal eine ganze Woche. Bei ihnen geht es auch darum, dass die einzelnen Rollen in Teilen vorgesprochen werden, um langsam einen Ton für die jeweilige Figur zu finden. Ich selbst hatte meist schon sehr früh ein deutliches Gespür dafür, wie die Figur, die ich spielen sollte, sich zu verhalten hatte. Doch die endgültige Ausformung ihrer Konturen entwickelte auch ich erst bei den eigentlichen Proben.

Dieser Einarbeitungsprozess in eine Rolle ist mit der Herstellung einer Marionette vergleichbar. Erst fügt man die einzelnen Körperteile zusammen, danach werden die Fäden angebracht, wodurch die Figur zum Leben erwacht. Schließlich fängt sie an, sich zu bewegen, zu gucken, zu reden. Auf diese Weise entsteht in mir eine Art Homunculus, in den ich hineinzukriechen versuche. Immer mehr werde ich zu dem, was ich zu Beginn nur als Gebilde in meiner Phantasie angelegt hatte.

Als ich den Mackie Messer aus Bertolt Brechts *Die Dreigroschenoper* am Bochumer Theater spielte, war mir schon sehr früh klar: Dieser Schieber musste ein Straßenjunge gewesen sein. Da Brecht nicht erzählt, wie Mackie sozialisiert wurde, wodurch er also zum Gangster wurde, machte ich mir meine eigenen Gedanken dazu. Ich stellte mir vor, wie er damit begann, für einige große und kleine Ganoven in London Botengänge zu erledigen oder für sie den einen oder anderen Typen zu beschatten. Für diese Tätigkeiten drückten sie ihm Münzen in die Hand, die ihn motivierten, weiter seine illegalen Tätigkeiten auszuüben. Irgendwann jedoch kam der Moment, da sagte er sich: Halt, wieso lasse ich mir immer sagen, was ich machen soll? Ich könnte doch auch mal selbst den Ton angeben.

Mit dieser Entscheidung wuchs er allmählich zu jenem dem Zuschauer bekannten Mackie Messer heran und vollzog eine klassische Gangsterkarriere. Plötzlich legte er bei seiner Kleidung wert auf gutes Tuch. Er wollte nicht mehr aussehen wie ein Straßenjunge, sondern bevorzugte Weste, Anzug, Krawatte, Melone und wirbelte mit einem Gehstock herum. Große Gangster laufen wie ein Gentleman herum und nicht in schäbiger Räubergarnitur.

Mir ging es darum, zu zeigen, dass dieser Mensch durch die gegebenen Umstände so geworden war, wie er war. Durch Niederlagen, Wünsche, Sehnsüchte, durch die Kraft und den Mut, den man in sich spürt, um Ansprüche durchzusetzen – und zwar ohne dass dem Zuschauer Schilder hochgehalten werden, die er lesen muss, um Bescheid zu wissen. Wenn das Publikum ratlos nach Hause geht, haben wir etwas falsch gemacht und nicht die Zuschauer.

Einige Kritiker hatten verstanden, worum es mir ging. Andere dagegen dachten, der Rohde ist doch selbst ein Lümmel von der Straße, der kann gar nicht anders, als die Figur so zu spielen. Natürlich hätte ich den Mackie anders spielen können, aber ich wollte nicht. Im Grunde war das jedoch ein großes Kompliment, denn sie brachten unbeabsichtigt zum Ausdruck, dass die Spuren meiner Arbeit an der Rolle nicht mehr zu erkennen waren.

Dieses handwerkliche Ideal habe ich von meinem Vater übernommen, der, nachdem er nicht mehr als Bergmann arbeitete, sein Geld als Anstreicher und Tapezierer verdiente. Sein Grundsatz war immer: «Wenn deine Arbeit beendet ist, darf hinterher nichts mehr herumliegen, keiner soll erkennen können, dass und an welcher Stelle etwas gemacht wurde. Man muss in eine Wohnung eintreten können mit den Worten: ‹Hier ist es schön›, ohne sofort erklären zu können, warum es so schön ist.»

Böses Kind und Leseprobe

Mit dem Theaterspiel hatte ich eigentlich 1995 für mich abgeschlossen, aber Richard III. wollte aus mir raus. Schon seit vielen Jahren. 2004 war es so weit. Dieser Shakespeare-König entwickelte sich in der Inszenierung von Karin Baier zu einem launischen, verschwitzten, bösen Kind, zu jemandem, der weiß, dass er hässlich ist. Er hatte einen Buckel, Verachtung für die Menschheit, und als Kind durfte er wohl nie mit den anderen Jungen herumtollen. Wahrscheinlich mussten sie ihm einen Knochen um den Hals binden, damit wenigstens der Hund mit ihm spielte. So gelangte der Herzog von Gloucester noch vor seiner Ernennung zum König eines Tages zu der Ansicht, er wolle selbst bestimmen, was gespielt wurde. Und das Spiel, das er jetzt bestimmte, war kein schönes Spiel. Gnadenlos, hart und tödlich zog er es durch.

Beim Film gibt es seltener Leseproben, sie dauern maximal zwei Tage und finden meist nur mit den Hauptdarstellern statt. Manchmal allerdings habe ich den leisen Eindruck, dass sie auch dazu dienen, den Regisseur zu beruhigen, seine eigene Nervosität vor der Produktion zu dämpfen: Er hat auf diese Weise die wichtigsten Protagonisten vor dem Drehen schon einmal gesehen und gehört, hat sich versichert, ob er sie und sie ihn verstehen. Auf jeden Fall keine verschwendete Zeit!

Der Schauspieler bekommt auf diese Weise eine Generalunterweisung, wer und wie seine Partner sind, in welcher Atmosphäre und welchen Stimmungslagen sich das filmische Geschehen bewegt. Manchmal werden auf diesen Lesepro-

2004: als das launische, verschwitzte, böse Kind Richard III.

ben auch Fotos von den Drehorten herumgereicht: «Schaut mal, so sieht es aus, wo wir den Film machen werden.»

Das hilft mir, die eigenen Vorstellungen, die ich mir beim Lesen des Drehbuchs gemacht habe, eventuell zu korrigieren oder zu vertiefen. Soll eine Szene laut Buch in einem Apartment stattfinden, habe ich möglicherweise einen großen, hellen Raum mit vielen Fenstern imaginiert. Die Aufnahmen zeigen aber eine kleine, enge, dunkle Wohnung – und schon bekommt die zu spielende Rolle ein anderes Aroma. Durch solche Details begreife ich, wohin die Reise gehen soll, und ich beginne zu vertrauen, dass der Reiseleiter den Weg kennt.

Bei Filmregisseuren weiß ich es sehr zu schätzen, wenn sie die Schauspieler den Zeitdruck, unter dem jeder Film steht, nicht spüren lassen, und wenn sie erkennen, ob ein Wink mit dem Auge ausreicht oder ob ich klare Sätze brauche, um meine Spielsituation richtig einzuordnen.

Die Regisseurin Hermine Huntgeburth hat eine mysteriöse und gleichsam bezaubernde Technik, ihren Schauspielern zu helfen, indem sie einen Satz beginnt, sich mittendrin unterbricht, einen weiteren Satz beginnt, sich wieder unterbricht und mit den Worten endet: «Du weißt schon, du kannst das ja.» Das mag seltsam klingen und wäre bei irgendeinem anderen Regisseur vielleicht etwas bescheuert, bei ihr ist es absolut wirkungsvoll und hilfreich. Keine Ahnung, wie sie das macht, es hat wahrscheinlich viel mit ihrer klugen und humorvollen Menschlichkeit zu tun. Ähnliches erlebe ich bei Manfred Stelzer, einem Regisseur, der einen wissenden, liebevollen Blick für Menschen und ihre Wünsche und Nöte hat und mit dem ich seit vielen Jahren immer wieder drehe.

Unter Filmregisseuren gibt es, grob gesagt, zwei Charaktertypen: Diejenigen, die zum ersten Typus gehören, nenne ich Dompteure, wobei ein Dompteur nicht unbedingt jemand ist, der die berüchtigte Peitsche schwingt, sondern sehr genaue Vorgaben macht, von der Betonung einer einzelnen Silbe bis zur Länge der Pausen. Helmut Dietl gehört zur Dompteurskaste. Dieser Regisseur ist kein Mensch, der Dinge irgendwie passieren oder den Schauspieler seine Bestimmung suchen lässt. Wenn Helmut Dietl mit den Dreharbeiten zu einem Film anfängt, ist dieser eigentlich in seinem Kopf schon fertig, er muss ihn halt «nur» noch drehen. Bei jedem Darsteller weiß er genau, was er sehen oder hören will, jeder Blick, jeder Tonfall – alles ist durchkomponiert.

Da bleiben kaum Möglichkeiten, diesen genauen Vorstellungen zu entkommen. Egal, welchen Vorschlag ich mache, er ist einfach nicht so gut wie der von Dietl, allein deshalb, weil er sich schon viel mehr als ich mit der Figur beschäftigt hat. Ich spielte in *Rossini* den Schönheitschirurgen Dr. Sigi Gelber, der außer Busen und Nasen zu operieren auch gern schon mal mit Fitness- und Potenzmittelchen nachhilft. Zusammen mit Patrick Süskind hatte Dietl schon seit zwei, drei Jahren an dem Drehbuch geschrieben, und man konnte davon ausgehen, dass die beiden sogar über jedes Komma mehrere Stunden nachgedacht hatten. Da kann ich als Schauspieler nicht einfach sagen: «So, wie Sie das Komma gesetzt haben, erzeugt das bei mir eine komische Pause im Kopf. Können wir den Satz nicht ohne gedankliches Komma sprechen?» In einem solchen Fall hätte Dietl mich nur verständnislos angeschaut. Natürlich setzte ich jedes Komma dort, wo es auch im Drehbuch stand.

Als Dietl mich für *Rossini* engagieren wollte, verabredete er sich mit mir in seinem italienischen Lieblingsrestaurant in München. Stundenlang erzählte er mir, was er vorhatte, was er von mir hielt und welche Art von Karriere ich machen würde. Ich war aufgeregt, fand ihn spannend, witzig, beeindruckend und irrsinnig klug. Nach einer Weile gesellten sich der Produzent Norbert Preuss und die Kollegin Veronica Ferres sowie meine damalige Agentin Carola Studlar hinzu, der Abend wurde zunehmend lustiger, und mit einem Mal meinte Dietl, er müsse ganz schnell einen Vertrag mit mir machen, sonst könne ich ihm noch entwischen. Unter uns: Nichts lag mir ferner. Also griff er sich eine der Stoffservietten, schrieb in knappen Worten mit Kugelschreiber einen Vertrag darauf mit einer Gage, wie ich sie in dieser Höhe noch auf keinem meiner bisherigen Verträge gesehen hatte, setzte schwungvoll seine Unterschrift darunter und übergab mir das weiße Tuch. Damit war ich engagiert für einen Film, der zu den erfolgreichsten des Jahrzehnts werden sollte.

Ich hatte 1992 schon bei seinem Erfolgsfilm *Schtonk!* mitgewirkt, jener Posse über die Veröffentlichung der angeblichen Hitler-Tagebücher im *stern*, in der ich einen SS-Mann spielte, der vergeblich versuchte, die Leiche Adolf Hitlers anzuzünden und dem GröFaZ vorher noch den Scheitel und den Schnurrbart kämmte.

Einer meiner wenigen Sätze lautete: «Der Führer brennt nicht!» Diese Rolle hatte jedoch nicht mehr als zwei, drei Drehtage.

Als dann Monate später im heißen Münchener Sommer die Dreharbeiten zu *Rossini* begannen, kam ich trotz des schmeichelhaften Vorspiels sehr eingeschüchtert zum Drehort. Die Rolle des Dr. Gelber war um einiges größer, ich hatte circa dreißig Drehtage und war so scheu, dass ich mich kaum traute, die anderen Kollegen zu begrüßen. Mario Adorf, Götz George, Hannelore Hoger, Burkhart Klausner, Gudrun Landgrebe. Immerhin: Heiner Lauterbach, Edgar Selge, Joachim Król und Christian Berkel kannte ich schon aus früheren gemeinsamen Arbeiten. Das Who is Who des deutschen Schauspiels war am Set versammelt. Ich fühlte mich so unter Druck, dass ich mich mit eingekniffenem Hintern und rotem Kopf zwischen ihnen bewegte. Meine Frau, die mich anfangs begleitet hatte, sagte: «Die Stimmung hier kommt mir vor, als würde gleich eine Operation am offenen Herzen stattfinden, als ginge es um Leben und Tod.»

Heiner Lauterbach, der in dem Film den Produzenten Oskar Reiter spielte, sagte in einer Szene den ebenfalls dazu passenden Satz: «Film ist Krieg!»

In meiner Verspannung hielt ich mich sklavisch an das, was Helmut Dietl mir vorgab. Aber wie gesagt, eine andere Chance hatte ich auch nicht bei diesem Regisseur, der mir göttergleich erschien wie Jupiter und pedantisch arbeitete wie Herbert von Karajan. Heute weiß ich, dass es keineswegs seine Absicht war, mich einzuschüchtern oder verlegen zu machen. Das war mein Problem, nicht seines. Aber damals mangelte es mir noch an professioneller Souveränität, um zu sagen: «Ich bin engagiert worden, weil man davon ausgeht, dass ich das kann, und wer davon ausgeht, hat verdammt noch mal recht.»

Dennoch: Diese Rolle war im Filmbusiness wohl mein zweiter Durchbruch. Bis dahin hatte ich hauptsächlich Typen in Lederjacken gespielt, etwa den schwulen Metzger oder den Rocker Bierchen. Der Filmtitel *Kleine Haie* hat übrigens nichts mit irgendwelchen furchterregenden Meeresbewohnern zu tun, sondern bezieht sich auf das Standardwerk für den Sprechunterricht: *Der kleine Hay*.

Die Serviette mit dem Dietl-Vertrag ist irgendwann aus Versehen bei uns in der Weißwäsche gelandet, und nur kriminaltechnische Methoden könnten den Beweis erbringen, dass ich die Wahrheit erzählt habe.

Lange war man allgemein überzeugt, Sönke Wortmann hätte mich irgendwo von der Straße geholt. Doch wie könnte jemand von der Straße – ein Laie – sich selber spielen?

Nehmen wir an, unser Typ von der Straße soll eine Tür aufmachen und sie hinter sich halb geöffnet lassen, damit der Zuschauer eine von hinten ankommende Person auch noch sieht. Er soll, während er sich des Mantels entledigt, auch noch den Satz «Wo ist Herr Schmidt?» sagen und anschließend die Tür zumachen, nachdem er sich noch kurz eine Tasse Kaffee gegönnt hat. Wahrscheinlich wird unser Freund so sehr mit der Tür beschäftigt sein, dass er den Mantel erst einmal vergisst. Oder er denkt zwar an ihn, lässt ihn aber vor Aufregung fallen. Oder er schafft es, ihn aufzuhängen, vergisst aber, nach Herrn Schmidt zu fragen. Oder er fragt nach Herrn Schmidt, aber viel zu laut oder viel zu leise. Oder er sagt es genau richtig, denkt aber nicht mehr daran, dass der Kaffee erst eingeschenkt sein muss, bevor man ihn trinkt. Am Ende wird der gute Mann nicht mehr wissen, dass man eine Tür zuerst öffnet und dann hindurchgeht. Wenn der Zuschauer denkt, das kann ich auch, weil es so natürlich wirkt, ist das ein großes Kompliment an die Fähigkeiten eines Schauspielers.

Genau um eine solche Tür ging es bei mir im hundertvierundneunzigsten *Polizeiruf 110*. In dieser Folge – sie hieß *Im Netz der Spinne* und wurde 1997 gedreht – spielte ich den Möbelfabrikanten Peter Büscher. Er stand auf SM-Praktiken, und man hatte ihn im Verdacht, seine Frau, die in einer Schönheitsklinik zu Tode gekommen war, ermordet zu haben. Gedreht wurde in München, in einer Villa. Ich sollte durch eine Tür kommen, nicht wissend, dass die Polizei auf mich wartete. Es war halb sieben abends, und ich war sicher, dass wir die Szene in zwanzig Minuten abdrehen würden, dann hätten wir alle Feierabend und könnten zusammen ein Glas

Wein trinken. Nichts daran war schwierig, kompliziert schon gar nicht: Direkt hinter der Tür standen einige Polizisten, also meine Kollegen, ich sollte mich nach dem Aufschließen durch die Männer hindurchdrängen, in Richtung Wohnzimmer laufen und den Satz «Was ist denn hier los?» sagen.

Ich weiß nicht, wie viele Klappen (für jede Einstellung wird eine Klappe geschlagen, die jeweils nummeriert ist) wir brauchten, bis die Szene glückte. Waren es wirklich siebzehn? Es war längst halb neun vorüber, als die Dreharbeiten beendet werden konnten. Immer passierte etwas, was nicht vorgesehen war. Einmal vergaß ich, die Tür hinter mir zu schließen, ein anderes Mal überrannte ich den einen Polizisten fast, dann wieder stand ich so falsch, dass mich die Kamera nicht mehr einfangen konnte. Es steckte einfach der Wurm in dieser Einstellung, und ich arbeitete nicht besser als ein großspuriger Komparse. Vielleicht war der Drehtag zu lang gewesen, ich zu erschöpft und deshalb zu unkonzentriert. Keine Ahnung. Manchmal hat man Angst vor Einstellungen, von denen man weiß, dass sie schwer zu spielen sind. Und am Ende waren sie leichter zu bewerkstelligen als die läppische Tür-Szene in der Münchner Villa.

In der Serie *Ein Fall für Zwei* spielte ich vor circa zwanzig Jahren in einer Folge einen Speditionsangestellten, dem bekannt war, dass seine Chefin ihren Mann ermordet hatte. Dieses Wissen benutzte er, um sie zu erpressen. Sein Ziel war es, Teilhaber der Firma zu werden. In der besagten Szene ging es um eine kleine Unterhaltung mit ihr, bei der ich eine Sektflasche zu öffnen und Gläser einzuschenken hatte. Während der Probe packte mich der Ehrgeiz, dass bei meinem letzten Satz – «Sagen wir dann fifty-fifty?» – der Korken mit einem satten Plopp aus der Flasche sprang und ich augenblicklich die Gläser füllte.

Im ersten Moment klingt dieser Plan nicht allzu verwegen, aber man muss sich Folgendes vorstellen: Mein Sprechpart bestand aus insgesamt zwölf Sätzen, das Anerbieten der Teilhaberschaft war der letzte dieser zwölf Sätze. Diese sollte ich von der Küche bis zur Terrasse sprechen, auf der «meine Chefin» und ich den Sekt trinken sollten. Insgesamt waren das einunddreißig Schritte, und um ruhige Bilder zu erhalten, wurden Schienen für die Kamerafahrt gelegt. Während dieser einunddreißig Schritte hielt ich zwei Gläser in der Hand, ebenso die noch zu öffnende Sektflasche. Die Kamera fuhr links neben mir her, die Kollegin, die die Chefin darstellte, befand sich etwas versetzt auf meiner rechten Seite. Direkt nebeneinander konnten wir nicht gehen, ich hätte sie mit meinem breiten Kreuz verdeckt. Sie – sehr zierlich – wäre hinter mir verschwunden wie hinter einer Schrankwand. Davon abgesehen hatte ich mein Sprechtempo inklusive Pausen mit dem der Kamerafahrt abzustimmen und durfte meiner Kollegin mit den Gläsern und der Flasche keinen Schatten machen, der sich eventuell auf ihrem Gesicht abzeichnete.

Will man bei diesen Vorgaben eine Sektflasche öffnen, fällt einem auf einmal auf, aus wie vielen Teilen der Verschluss besteht. Da ist dieses Bändchen, die Stanniolkappe, das Drahtkörbchen sowie der Korken. Nach dem elften Satz und beim einunddreißigsten Schritt sollte der Korken ploppen. Alle wussten, wie schwierig diese Szene war, aus diesem Grund hatte der Requisiteur zwei Dutzend Sektflaschen bereitgestellt.

Ich gebe zu, dass ich etwas geschummelt habe: Da das Bändchen schwierig zu finden ist, hatte ich es vorher schon derart freigelegt, dass ich es mit den Fingernägeln sofort zu packen bekam. Natürlich hielt ich die Flasche so, dass im Kamerabild nicht sichtbar wurde, wie ich sie präpariert hatte.

Das war aber auch die einzige Trickserei. Ich schaffte es gleich beim ersten Mal! Aus Sicherheitsgründen drehten wir noch eine zweite Klappe, und auch bei der Wiederholung klappte es. Klar, dass jeder im Team dachte, beim ersten Mal hätte ich einfach nur Schwein gehabt. Ich war mir sicher, dass sie hinter meinem Rücken Wetten abgeschlossen hatten, wie viele Flaschen ich insgesamt brauchen würde. Sicher tippten einige, ich würde nicht einmal mit den vierundzwanzig vorhandenen Flaschen auskommen.

Zurück zu Helmut Dietl. Natürlich sah er in mir keinen Amateur, keinen Proll von der Straße, sonst hätte er mir die Rolle des Schönheitschirurgen nicht angeboten. Nie wäre ich selbst auf die Idee gekommen, mich als Münchener Prominentenarzt einzusetzen, puttenhaft blass und mit lockigem Haar. Bis an mein Lebensende werde ich ihm dankbar sein – ebenso wie Sönke Wortmann –, weil sie mir Rollen gaben, auf die ich für mich selber nie gekommen wäre und die mir die Tür zu einer herrlichen Karriere geöffnet haben.

Sönke Wortmann, mit dem ich einige Filme gedreht habe, ist ein völlig anderer Typ Regisseur – ich würde ihn eher zur zweiten Kategorie der «Gärtner» zählen. Wortmann braucht mich nur anzuschauen – und ich weiß genau, was er sehen will. Er muss mir nicht sagen: «Pass mal auf, achte mal mehr darauf oder auf dieses.» Und wenn er es doch tut, dann macht er das so beiläufig und freundschaftlich, dass ich in meiner Erinnerung kaum unterscheiden kann, an welchen Stellen ich und wo er die Rolle entwickelt hat. Wir verstehen und verständigen uns weitestgehend wortlos. Und das bei seinem Nachnamen. Ähnlich sieht meine Verständigung mit Manfred Stelzer aus.

Mit Lars Becker habe ich in den vergangenen zehn Jahren

elf Filme gedreht, respektive er mit mir, und von Film zu Film ist er genauer mit uns Schauspielern geworden. Am Anfang unserer gemeinsamen Arbeit hat er mir wenig gesagt, inzwischen sind seine Anweisungen sehr konkret geworden, er führt mich äußerst präzise und lässt mir trotzdem den Freiraum, den ich brauche. Seine Genauigkeit bremst nicht, sie beflügelt. Beim Drehen nachts um halb vier geht er mit der kleinsten Rolle noch so um, als wäre es nachmittags halb vier und wir hätten gerade erst mit der Arbeit angefangen. Jede Rolle betrachtet er so, als wäre es die größte überhaupt. Und da wird die alte Schauspielerweisheit Realität, die sagt: Es gibt keine kleinen Rollen, nur gute und weniger gute. Hierarchien gibt es bei ihm nicht. Ob Beleuchter, Requisiteur oder Schauspieler, sie werden alle ohne Unterschied behandelt. Einen Film zu drehen, das heißt bei ihm, eine große Familie um sich zu versammeln.

Hervorragende Regisseure können aus einem mittelmäßigen Schauspieler einen guten machen, indem sie ihn beispielsweise einfach nur davon abhalten, das zu tun, was er immer tut. Es gibt begabte Menschen, die viel besser sein könnten, als sie sind. Man hat ihnen nur nicht eindringlich genug gesagt, was sie lassen sollen, ihnen zu wenige Vorschläge unterbreitet, wie sie es besser anstellen könnten. Ein guter Schauspieler zeichnet sich unter anderem dadurch aus, dass er aus Fehlern lernt und sich ständig bewusst ist, wie viel Fettnäpfchen überall herumstehen. Wenn man weiß, wo sie stehen, kann man sich immer noch entscheiden, ob man reinlatschen will oder nicht. Was macht mehr Spaß, und wie bitter sind gegebenenfalls die Konsequenzen? It's your choice.

Kapitel 12

STÄNDIG NEU VERLIEBT

2005: als Kotzbrocken Hermann Walzer in dem Film *Bluthochzeit*

Das Kennenlernen einer Figur ist vergleichbar mit einer Verliebtheit, die einhergeht mit großer Neugierde. Wenn das verloren geht, alles nur noch mit Routine abgewickelt wird, ist man eigentlich kein Schauspieler mehr. Nach fast drei Jahrzehnten in diesem Beruf empfinde ich mit jeder neuen Aufgabe noch immer diese Verliebtheit.

Diese Verliebtheit bedeutet jedes Mal wieder, einen Menschen neu kennenzulernen, von dem man anfangs noch wenig begreift. Man weiß zunächst kaum etwas über diese Person, sie spricht Sätze, von denen manche rätselhaft und unverständlich sind. Warum sagt sie die? Meint sie das, was sie da von sich gibt, überhaupt ernst? Oder will sie damit etwas erreichen, was sich in tieferen Schichten verbirgt?

Meistens fällt es mir schwer, wenn die Dreharbeiten vorbei sind und ich Abschied nehmen muss – nicht nur von meinen Kollegen, sondern auch von meiner Figur. Manchmal muss ich mir in der ersten arbeitsfreien Zeit versichern, dass die Person, die ich in den letzten Wochen gespielt habe, jetzt nicht tot ist, sondern ihr eigentliches Leben erst noch vor sich hat. Da bin ich bisweilen nah am Wasser gebaut, und es kam früher sogar vor, dass ich um sie weinte. Inzwischen bin ich froh, dass ich etwas gelassener mit Abschieden umgehen kann und nicht mehr losheule, wenn ich mich von meiner Figur trennen muss. Schauspieler sein heißt auch Abschied nehmen können.

Mehr und mehr versuche ich, die Dinge auf mich zukommen zu lassen.

Wenn ich weiß, welche Sehnsüchte, Ängste, Energien, Kraftlosigkeiten, Hoffnungen und Traurigkeiten sich hinter der Biographie einer darzustellenden Figur verbergen, muss ich nicht mehr lange überlegen, wie ich sie zu spielen habe. Das ergibt sich aus der Geschichte der Person, vergleichbar mit dem Strahl einer Rakete, der diese trägt und steuert.

Wirkung vor Wahrheit

Einmal erhielt ich eine Anfrage, einen weiteren Industriefilm zu machen.

Die Dame am Telefon sagte mir: «Die Dreharbeiten werden zwei, drei Tage dauern – und Sie können auch Gestik und Mimik einsetzen.»

Ich fand das rührend, zugleich zeigte es aber auch, welche Missverständnisse es über meinen Beruf gibt. Den Film hab ich nicht gedreht.

Unter Mimik sind die (Muskel-)Bewegungen des Gesichts zu verstehen, hervorgerufen durch das, was ich denke oder fühle. Außer, ich schneide Grimassen, um Blödsinn zu machen und Leute mit etwas Schlichtem zum Lachen zu bringen. Da Spielen auch mit präzisem Denken und Spüren einhergeht, muss ich mir als Schauspieler keine Gedanken über die Mimik machen. Wenn ich richtig nachgedacht und nachgespürt habe und mir die Rolle ihre Wünsche diktiert, setzt automatisch die richtige Mimik ein. Das ist vergleichbar mit einem Kettenkarussell: Wenn sich das Zentrum bewegt, muss der einzelne Sitz nicht überlegen, wo er hinfliegt.

Ähnlich kommt die Bewegung, die Gestik, aus dem Körper heraus, wenn die Kontaktaufnahme zu der Figur funktioniert, ich sie im wahrsten Sinne des Wortes in Gang setzen konnte. Natürlich passiert es, dass der Regisseur sagt: «Deine Bewegungen sind gut, aber reduziere sie einmal» – alternativ: «mach sie größer» –, «ich möchte einmal sehen, wie das wirkt». Oder die Anweisung lautet: «Versuch mal, dir ständig unbewusst an die Hüften zu fassen, wie jemand, der sich nicht ganz sicher ist, ob er nicht doch ein paar Pfund zu viel auf den Rippen hat.» Oder: «Stell dir vor, du bist ein Panzernashorn oder ein Gorilla. Stell dir vor, deine gesamte Persönlichkeit ist dir in die Nasenspitze oder in die Kniescheiben gerutscht oder kreist als kleine, goldene Kugel in einer Acht über dem Kopf.»

Damit kann man arbeiten. Im Extremfall entsteht dabei etwas wie Martin Wuttkes Arturo-Ui-Darstellung. Mit rot angemaltem Mund und heraushängender Zunge nahm der Schauspieler auf der Bühne in einer Szene eine Haltung an, die ihn wie ein lebendes Hakenkreuz erscheinen ließ. Hätte er sich so etwas einfach nur ausgedacht, in der Art: Für Brecht war seine Arturo-Ui-Figur Sinnbild für Adolf Hitler, deshalb sollte sich der Schauspieler hinknien und mit den Armen und Beinen ein Hakenkreuz bilden, die Zuschauer hätten Wuttkes Spiel sicher skeptisch betrachtet. Aber danach sah es nicht aus. Es hatte in seiner Zeichenhaftigkeit eine selbstverständliche Überzeugungskraft. Das spricht für die Größe des Schauspielers und für eine kongeniale Zusammenarbeit mit dem Regisseur. Ich hab keine Ahnung, ob mir so was mal in dieser ikonenhaften Kraft gelungen ist.

Gesten kann man nicht auf dem Papier konstruieren, sie ergeben sich durch den Arbeitsverlauf, durch das Nachdenken und Nachspüren über das tägliche Tun bei den Proben. Ich überlege immer wieder einmal: Gebe ich der Wahrheit oder der Wirkung den Vortritt? Meine Antwort: im Zweifelsfall für die Wirkung, wenn sie keine Mogelpackung ist, wenn sie aus etwas Echtem geboren wird, aus einem Nachspüren und Nachfühlen von Zusammenhängen. Meist spürt ein Schauspieler sehr deutlich, ob ein Regisseur von ihm etwas verlangt, das zur Rolle gehört oder nicht, ob es also ausgedachter Firlefanz ist. Bei der *Räuber*-Inszenierung von Alfred Kirchner irrte ich mich bekanntermaßen kolossal.

The show must go on

The show must go on klingt immer so lustig und trotzig verwegen, aber auch in all seiner Bitternis stimmt dieser Spruch. Ich wollte nicht, dass man mir bei *Bluthochzeit* – ich spielte darin den Kotzbrocken Hermann Walzer, den Vater der Braut – anmerken konnte, dass meine Mutter todkrank war und ich täglich fürchten musste, dass sie stirbt. An den drehfreien Tagen fuhr ich mit dem Auto von der Eifel nach Norddeutschland, und jeder Besuch hätte der letzte sein können. Am letzten Drehtag dieses Kinofilms, als ich mich gerade wieder auf den Weg machen wollte, rief mich Uwe an, der die ganze schwere Zeit über gemeinsam mit meinem Vater und meiner Schwester nicht von ihrer Seite gewichen war. Unsere Mutter war vor einer halben Stunde gestorben, und ich hatte nicht bei ihr sein können.

«Die Show muss weitergehen!» So entschieden wir auch, als während der Dreharbeiten zu dem ZDF-Film *Ein Unglück namens Emma* der Stuntman Michael Gast tödlich verunglückte. Michael doubelte mich in einer gefährlichen Autoszene. Ich spielte in diesem Fernsehfilm einen Sozialarbeiter, der eine extrem chaotische und unberechenbare Klientin betreut – dargestellt von Anja Kling. In einer Szene nehme ich sie im Auto mit, und während der Fahrt streiten wir pausenlos. Dabei schlägt sie mit einem Geldkoffer nach mir und trifft versehentlich das Lenkrad, wodurch der Airbag ausgelöst wird und ich hinterm Steuer nichts mehr sehe. Die Folge: Ich fahre schnurstracks in einen Kanal. Anschließend taucht aus ihm zuerst der Geldkoffer auf – er spielte bei unserem Krach eine wichtige Rolle –, danach die Köpfe von mir und Anja Kling. Sobald unsere Köpfe über Wasser sind, zoffen wir uns augenblicklich weiter. Damit zuerst der Koffer an die Oberfläche schoss, hielten wir uns unter Wasser an vorbereiteten Seilschlingen fest, um dann nach einer kleinen, wirkungsvollen Pause selber aufzutauchen.

Diese Szene wie auch der Beginn des Streits waren schon abgedreht, es fehlte nur noch jener Part, bei dem der Stuntman das Auto ins Wasser fährt. Es war an einem wunderschönen Nachmittag, am Teltowkanal in Berlin. Das Sonnenlicht schimmerte goldgrün durch die Uferbäume und tanzte auf der Wasseroberfläche. Der Stunt wurde vorbereitet mit einer kleinen Rampe, über die das Auto in den Kanal fahren sollte. Im Kanal waren im Kreis sechs Taucher verteilt, um schnell eingreifen zu können, sollte etwas schiefgehen. Der Wagen fuhr im Schleudergang mit quietschenden Reifen an, beschleunigte und schoss über die kleine Rampe ins Wasser. Alles klappte bis zu diesem Zeitpunkt wie geplant, und das Auto versank im Wasser.

Blasen stiegen auf, und eigentlich sollte der Stuntman langsam auftauchen. Doch nichts dergleichen geschah. Im ersten Moment dachten wir, der will uns verarschen, aber für einen Streich dauerte es viel zu lange. Die Taucher traten in Aktion, sie hatten laut Vorgabe etwas gewartet, vielleicht zwanzig Sekunden, sonst wären sie im Bild gewesen.

Ich sehe noch genau vor mir, wie der erste Taucher hochkommt und sagt: «Der ist nicht mehr im Auto!»

In diesem Moment wussten wir, dass etwas Schreckliches passiert sein musste. Wir versuchten uns zu beruhigen: «Wahrscheinlich ist Michael seitlich herausgeschwommen, taucht gleich aus einem Gebüsch auf und gibt uns zu verstehen, dass er uns hereingelegt hat.»

Nichts davon trat ein. Unter dem Wagen lag er auch nicht, der war zu klein, um ihn komplett abzudecken. Allmählich war klar, dass es sich um eine Katastrophe handelte.

Sofort rief jemand die Einsatzkräfte, Notarzt, Feuerwehr, Polizei. Sie bargen das Auto mit einem Kran, und später stellte sich heraus, dass es in einem falschen Winkel – zu steil – auf die Wasseroberfläche aufgeschlagen war und deshalb wohl den Grund des Kanals getroffen hatte, der keine drei Meter tief war. Am Ende fanden sie den Stuntman im Kofferraum des Wagens. Der Aufprall war so heftig gewesen, dass es ihn vom Steuer weg in den Kofferraum gerissen hatte. Das war möglich, weil die Spezialisten den Wagen für den Stunt so vorbereitet hatten, dass er bis auf den Platz des Fahrers von allen Sitzbänken befreit worden, mithin entkernt war.

Michael Gast war ertrunken. Mehr weiß ich nicht, weil ich den Untersuchungsbericht der Polizei nie zu sehen bekommen habe. Bis heute hat man mir den Hergang nicht mitgeteilt – vielleicht, um meine Nerven zu schonen.

Auf einmal hatte sich der idyllische Nachmittag in eine gespenstische Szenerie verwandelt. Die Kripo ließ Scheinwerferkräne in der allmählich aufkommenden Dämmerung aufbauen. Am Anfang wollte ich das alles überhaupt nicht wahrhaben. An weitere Details dieses grauenhaften Nachmittags habe ich auch keine Erinnerung mehr. Immer wieder tönte es in meinem Kopf: Man stirbt doch nicht bei einer Komödie.

In den Zeitungen gab es die zu erwartenden Schlagzeilen: «Stuntman stirbt für Armin Rohde!» Ich traute mich kaum noch vor die Tür, weil ich mich schuldig fühlte. Noch bei den nächsten Dreharbeiten ließ ich mich wochenlang direkt vor der Hoteltür abholen und wieder absetzen. Wenn ich nicht am Filmset war, hielt ich mich einzig in meinem Hotelzimmer auf. Ein Spaziergang auf der Straße, ein Besuch in einem Lokal war mir fast zwei Jahre lang unmöglich, ich fühlte mich verfolgt und beobachtet.

Die größte Freiheit außer beim Spielen genieße ich beim Motorradfahren. Wenn ich Helm und Brille aufhabe, erkennt mich auch niemand. Wenn ich in einem Wagen sitze, an einer Ampel halten muss und andere Autofahrer zu mir hinüberschauen, gibt es oft die Reaktion: «Ey, guck mal, da sitzt Bierchen!» – auch mit «der Kommissar» oder «Hotzenplotz» zu ersetzen. Wenn ich in derselben Situation auf dem Motorrad sitze, heißt es: «Ey, guck mal, die geile Harley!»

Inzwischen habe ich mit einer Reihe von Stuntleuten gesprochen, die mir versicherten: «In einem solchen Fall sterben wir nicht für den Schauspieler, sondern für unsere Arbeit oder für den Film.» Das tröstete mich etwas, denn immer wenn ich nach den verhängnisvollen Dreharbeiten an ein Filmset kam, an dem auch Stuntleute im Einsatz waren, wagte ich mich kaum in ihre Nähe. Ich malte mir alles Mögliche aus, was sie von mir denken könnten, und kam mir vor, als hätte ich ein glühendes Kainsmal auf der Stirn.

Nüchtern betrachtet, war es ein Arbeitsunfall, ein tragischer Arbeitsunfall. Aber der Stuntman hatte mein Kostüm an, er war zurechtgemacht wie ich, und aus hundert Metern Entfernung sah er aus wie Armin Rohde in der Rolle des Sozialarbeiters. Da starb also jemand, der in einer gewissen Weise mit mir identisch war, in meiner Filmkleidung ...

Viele verstanden nicht, dass wir die Dreharbeiten nur für einige Tage unterbrachen, um den Film schließlich fortzusetzen und zu Ende zu bringen. Es hieß, das sei moralisch nicht in Ordnung. Meine Antwort darauf: «Wenn wir diesen Film nicht zu Ende bringen, dann ist es noch furchtbarer, dann ist der Mann für überhaupt gar nichts gestorben.»

Kein Film der Welt ist es wert, dass man für ihn stirbt, aber mit seiner Fertigstellung hatten wir die Möglichkeit, ihn Michael Gast zu widmen. Die Wasserszene nahm die Regie heraus und ersetzte sie durch eine andere, die wir Monate später nachdrehten und in den Film einmontierten.

Schauspieler wie Jean-Paul Belmondo oder Götz George haben von ihren Stunts immer sehr viel selbst gemacht. Aber die Zeiten haben sich geändert, heute bekämen sie große Schwierigkeiten mit der Filmausfallversicherung. Bei jedem Film muss ein Schauspieler ungefähr vierzehn Tage vor Drehbeginn zu einem Versicherungsarzt. Dieser untersucht ihn, und der Filmausfallversicherung wird in einem Formular mitgeteilt, der Darsteller ist gesund, zumindest wird er die nächsten sechs Wochen überleben und ohne schwer krank zu werden seine Arbeit verrichten können. Weiterhin ist es ihm untersagt, Ski zu fahren oder andere gefährliche Sachen zu unternehmen. Da bekannt ist, dass die meisten Unfälle im Haushalt passieren, bin ich leicht verwundert, dass es da noch keine Auflagen gibt.

Ich selbst habe nicht den Ehrgeiz, den Stuntmännern – es gibt auch Stuntfrauen, die aber als Double für mich kaum in Frage kommen – die Arbeit wegzunehmen. Selbst wenn ich einige Einsätze höchstwahrscheinlich selbst hinbekommen würde, ist kein Interesse bei mir vorhanden, sie persönlich auszuführen. Ich bin schon in Filmen bei einem anfahrenden Auto auf die Motorhaube gesprungen, habe mich an den Scheibenwischern festgekrallt und mich zwanzig, dreißig

Meter hin und her schleudern lassen. Das ist damals gutgegangen, es hätte aber auch schieflaufen können. Ich hätte unter die Reifen geraten können, und wäre mir das Auto über die Beine gerollt, dann wäre dies das Ende meiner Laufbahn gewesen.

Auch Schlägereiszenen könnte ich selbst ausführen, und in einem bestimmten Umfang mache ich das auch, aber wenn es brenzlig wird, muss ich mir nichts beweisen. Ich bestehe darauf, dass ein Stuntman weiteragiert. Bei komplizierteren Aktionen können diese Spezialisten die Choreographie des Verprügelns einfach überzeugender aussehen lassen. Kurz: Ich bin ein großer Freund von Arbeitsteilung.

Schlechte Drehbücher, gute Drehbücher

Eine der wichtigsten Fragen für jeden Schauspieler lautet: Wie erkenne ich ein gutes Drehbuch?

Manchmal wird Banales geredet, obwohl es im Grunde um völlig andere Dinge geht. Seit dem Drehbuch von *Pulp Fiction*, das Quentin Tarantino und Roger Avary verfasst haben, ist deutlich geworden, wie weit Sprache und Filmereignis auseinanderdriften können. In einem beispielhaften Dialog wird lang und breit mit großem Engagement über Hamburger diskutiert. Worüber Leute eben so reden, wenn sie auf ihrem Weg zur Arbeit sind. Da sind aber zwei Auftragskiller auf ihrem Weg zur Arbeit, das heißt auf dem Weg zu ihrem nächsten Mord. Diese Erzähltechnik war für alle in meinem Beruf eine Offenbarung.

Ich bilde mir ein, mit der Zeit ein Gespür dafür entwickelt zu haben, was ein gutes Drehbuch ist. Eines Tages sah ich von Tom Tykwer den Film *Tödliche Maria* und wollte unbedingt in Kontakt mit dem Regisseur kommen, von dem ich bislang nichts gehört hatte. Ich erkundigte mich überall, verschaffte mir seine Telefonnummer und tat etwas, was man eigentlich auf keinen Fall tun sollte und von dem auch ich jedem abraten würde: Ich rief ihn an und sprach – soweit ich mich erinnere – auf seinen Anrufbeantworter. Ich erklärte ihm, dass ich schon einige Filme gedreht hätte, und sollte ich irgendwann einmal in seiner Phantasie auftauchen, so wäre ich dankbar und glücklich, auch die allerkleinste Rolle in einem seiner Filme spielen zu dürfen.

Nochmals: In allen anderen Berufen kann man zum Beispiel Vorgesetzte davon überzeugen, dass man für die freie Stelle genau die richtige Person ist. Ein Schauspieler sollte es tunlichst vermeiden, sich wie Sauerbier anzubieten, und einen Regisseur erst recht nicht zu Hause besuchen, um ihm das eigene Können vorzuführen. Das ist einer der sichersten Wege, eine Rolle nicht zu erhalten. Man kann sich nur sichtbar machen, in einer Off-Theater-Produktion zum Beispiel oder einem Abschlussfilm einer Filmhochschule, und darauf hoffen, gesehen und empfohlen zu werden. Wider besseres Wissen habe ich es trotzdem getan, ich habe Tom Tykwer angerufen. Und schon wenige Jahre später erfüllte sich mein Wunsch: 1998 bekam ich von ihm das Angebot, in *Lola rennt* die Rolle des Sicherheitschefs Herr Schuster zu übernehmen, der jede Fußballregel kennt. Da ich, als die Dreharbeiten zu diesem Film beginnen sollten, in einem anderen Film engagiert war – *Rossini* –, sagte ich zu Tom Tykwer: «Die Rolle kann ich nicht spielen, da drehe ich schon.»

Daraufhin Tykwer: «Ich will dich aber, notfalls drehen wir an den Wochenenden mit dir.»

Okay, dachte ich, das geht in Ordnung, ich wollte ja selbst nichts lieber als in einem seiner Filme mitmachen.

Schließlich bekam ich das Drehbuch zu *Lola rennt* zugeschickt: Dreimal passierte darin fast das Gleiche, jedes Mal geringfügig abgewandelt. Zudem stand da noch etwas von «Zeichentricksequenzen». Nachdem ich es zu Ende gelesen hatte, war ich verwirrt. Ich kapierte nichts, und ich hätte auch nicht sagen können, ob es jetzt ein gutes Drehbuch war oder ein schlechtes. Ich konnte damit einfach nichts anfangen, wusste nicht, was Tykwer von mir erwartete oder was für eine Art Film das werden sollte. Der Rest ist Geschichte. Filmgeschichte. Es wäre ein massiver Fehler gewesen, hätte ich als überschlauer Drehbuchbeurteiler die Rolle abgelehnt.

Da für mich die Qualität des Drehbuchs zählt, mache ich keinen Unterschied zwischen Film- oder Fernsehdrehbüchern. Meine Entscheidung hängt davon, ob mir die Geschichte und die mir zugedachte Rolle gefällt – und nicht zuletzt auch vom Regisseur und den beteiligten Kollegen.

Kapitel 13
«DU BIST EIN GUTER SCHWERER»

1997: als Dr. Siggi Gelber in *Rossini oder Die mörderische Frage, wer mit wem schlief* von Helmut Dietl

Ich geb mir die Blöße

Mein nackter Arsch war auf deutschen Leinwänden so oft zu sehen wie kaum ein anderer. Wobei es einige Kollegen gibt, die nach herkömmlichen Maßstäben wesentlich vorzeigbarere Körper haben als ich und sich halb oder komplett nackt viel besser präsentieren könnten.

Mit dem Film *Der bewegte Mann* fing es an. Zur Premiere des Films befand ich mich mit meiner Süßen in einem riesigen Kino in Köln, die Leinwand so groß, dass ein Bauchnabel den Durchmesser eines Suppentellers hatte. In einer Szene sitze ich zwischen Joachim Król und Till Schweiger auf dem Sofa, nur mit einer Unterhose bekleidet. Und auf einmal dachte ich: Wer ist denn der Fettwanst in Unterhose? Natürlich war mir klar: Das bin ich, verdammte Hacke. Ich merkte, wie ich im Sitz immer weiter nach unten rutschte. Am liebsten wäre ich über den Boden ins Freie gerobbt. Aber mir war klar, das ich das hier auszuhalten hatte.

Bin ich Schauspieler? Eben!

Ich blieb sitzen. Als die Leute um mich herum lachten, fühlte es sich an, als würden sie mich auslachen, im Sinne von: «Kiek ma, der Dicke is nackig.»

Wobei ich eigentlich gar kein echter Dicker bin. Mehrere Kolleginnen hatten das nach einer «Berlinale»-Feier bei einem Absacker im Hotel Interconti für mich beschlossen: Heike Makatsch, Esther Schweins und Minh Khai Phan Thi. Das einstimmige Votum der Damen: «Armin, ein für alle Mal, du bist nicht dick, du bist ein guter Schwerer, ein Kerl.»

Danke!! Es sei euch nie vergessen.

In dem Film *Das Leben ist eine Baustelle* von Wolfgang Becker stand ich 1997 als Harri, nur mit einer Schürze bekleidet, in der Küche und sang den James-Brown-Song «I Feel Good» in die Kochkelle. Zwei Jahre später stakste ich in Sönke Wortmanns *St. Pauli Nacht* nackt, betrunken und bewaffnet als Postbote Manfred über die Reeperbahn. Und in *666 – Traue keinem, mit dem du schläfst!*, einer deutschen Filmkomödie von Rainer Matsutani aus dem Jahr 2002, spielte ich den schwulen Mephisto II. In der Szene, in der ich mich von Claudia Schiffer zurück in den schwulen, kleinen Juniorteufel verwandele, hocke ich in einer Einstellung nackt und in Gorillahaltung, also auf allen vieren, auf einem riesigen Lotterbett. Vom Kameramann ließ ich mich dazu überreden, den Gegenschuss auf den gerade zur Tür eintretenden Jan Josef Liefers, in den ich laut Drehbuch verliebt war, von schräg unten hinter mir durch meine gespreizten Schenkel zu filmen.

Ich hätte auch sagen können: «Hey, lasst mir wenigstens ein Unterhemd oder den Bademantel, dann sitze ich nicht ganz so nackig da.» Aber da es mir tatsächlich überhaupt nichts ausmacht, und in Arbeitslaune erst recht nicht, äußerte ich keine Einwände.

Normalerweise gehört es zum Albtraumrepertoire eines Menschen, in einer Großstadt ohne das geringste Kleidungsstück durch die Straßen zu laufen – und genau das sollte ich in *St. Pauli Nacht* tun. Würde ich das gewohnheitsmäßig tun, also ohne Rollenauftrag, würde ich mir schon den ein oder anderen Gedanken über meine seelische Verfassung machen.

Als ich 2003 nach einer verlorenen Wette, in der es darum ging, Bratgeräusche zu erkennen, in Thomas Gottschalks Sendung *Wetten, dass ...?* nur mit einer Küchenschürze bekleidet durch die Halle flitzen sollte, hatte ich ein paar Hemmungen – aber Hemmungen kann man überwinden.

Ich fragte meinen Presseagenten, was er von dieser Idee hielt.

Er sagte: «Bist du wahnsinnig! Lass es sein. Wieso willst du, dass zwölf Millionen Leute deinen nackten Arsch sehen?»

Meine Antwort: «Weil ich mich so was trau. Das Risiko reizt mich, außerdem werden sie ihn nicht zu sehen bekommen, weil ich die Wette gewinne.»

Er: «Wenn du meinst, dass du das machen musst, dann mach es. Ich hab dich jedenfalls gewarnt.»

Meine Frau hatte die Konsequenzen im Auge: «Liebster, stellt dir vor, was am Montag in der *Bild* steht. Willst du's trotzdem machen?»

Ich: «Ja.»

Sie: «Dann mach.»

Schauspieler, die Rollen annehmen, bei denen im Drehbuch eindeutig vorgegeben ist, dass sie sich auszuziehen haben, die sich aber zieren, wenn es dann heißt: «Klamotten runter!», halte ich für unprofessionell. Warum hat derjenige die Rolle angenommen, wenn er dazu nicht bereit war? Er hätte sie von vornherein ablehnen oder vorher auf Streichung der entsprechenden Szene bestehen müssen. Wenn eine Ausziehnummer dagegen der plötzliche Einfall eines Regisseurs mitten beim Drehen ist, muss das Einverständnis des Schauspielers unbedingt vorausgesetzt sein. Manchmal ergibt Nacktheit Sinn, etwa um die Verwundbarkeit und Ausgesetztheit einer Figur zu zeigen. Aber will der Regisseur bestimmte Körperteile nur unbekleidet sehen, um die Zuschauerquote zu erhöhen, wäre ich dazu nicht bereit. Bei mir glauben aber, soweit ich weiß, nicht allzu viele Leute, dass die Quoten nach oben gehen, wenn ich mich nackt ausziehe.

Zur Körperlichkeit zählt auch – auf der Bühne oder vor der Kamera –, einen Partner schlagen zu können. Dazu gehört einiges Training, und manche Kollegen meinen, aus Unerfahrenheit oder aus falsch verstandener Männlichkeit allen Ernstes zuschlagen zu müssen, damit es echt aussieht. Aber meist reicht allein eine bestimmte Kameraperspektive, um es wie einen tatsächlich ausgeführten Schlag wirken zu lassen. Bei Körperhieben kann man immer faken. Dabei ist nur erforderlich, dass der Geschlagene durch seine Reaktion zeigt, wie kräftig sein Gegenüber getroffen hat – und schon glaubt der Zuschauer, derjenige sei getroffen worden. Dabei muss der Schläger nicht einmal die Kleidung berühren. Um etwa zu zeigen, dass ein Gegner Riesenkräfte hat, bräuchte er mich nur anzuschnippen, und ich fliege durch eigenen Einsatz in die nächste Ecke. Ich muss als «Opfer» also spielen, wie stark mein Gegenüber ist.

Das kann man prima üben, indem man sich vorstellt, von einem unsichtbaren, starken Menschen auf verschiedene Arten angegriffen zu werden. Ich erhalte erst einen Tritt vors Schienbein, danach einen Faustschlag in den Magen, einen in den Nacken, dann dreht er mir den Arm auf den Rücken und schleift mich anschließend an den Haaren kreuz und quer durch den Raum und verabschiedet mich mit einem Tritt in den Hintern.

Bei Schlägen ins Gesicht ist es problematischer, vor allem wenn die Kamera so nah aufgestellt ist, dass ein Tricksen nicht mehr möglich ist. In diesem Fall muss der Schlag so lange eingeübt werden, dass er möglichst wenig wehtut. Das heißt: Wenn ich jemanden ins Gesicht schlagen muss, sollte ich es vermeiden, die Knochen zu treffen.

Durch Taekwondo habe ich gelernt, einen Schlag ins Gesicht so zu führen, dass ich wenige Millimeter vor dem Hautkontakt abstoppe. Doch auch das funktioniert nicht bei Großaufnahmen, man würde es sehen. Es gibt also Situationen, in denen man tatsächlich zuschlagen muss.

So etwa bei den Dreharbeiten zu Klaus Emmerichs *Rote Erde*, der erste Teil der Fernsehserie wurde 1983 produziert, der zweite Teil 1989. Im zweiten Teil der Bergarbeiter-Saga spielte ich einen SA-Mann, eine Viertagesrolle, die sich mit meinen Verpflichtungen beim Theater gerade noch abstimmen ließ. In einer Szene musste ich den betagten und fragil wirkenden Kollegen Axel Wagner schlagen.

Axel Wagner war eine Legende, er war nicht nur ein hervorragender Schauspieler und Geschichtenerzähler, sondern auch der meistgestorbene Schauspieler Deutschlands. Durch seine exzessive Lebensweise – Alkohol und Zigaretten – war er schon mehrfach klinisch tot gewesen, konnte aber immer wieder ins Leben zurückgeholt werden. Als ich einmal in Hamburg am Thalia Theater engagiert werden sollte, stand ich im Büro des Intendanten. Währenddessen hörte ich, wie seine Sekretärin ins Telefon rief: «Axel, mach die Tür auf. Sonst bricht die Feuerwehr sie dir auf.» Wahrscheinlich versuchte der Theaterbote, ihn aus einem Tiefrausch zu wecken.

Axel Wagner war damals, als wir zusammen *Rote Erde* drehten, nur noch ein Hemdchen von Mann, ich dagegen das Zwei- bis Dreifache von ihm, körperlich gesehen. Die Kamera war für den Close-up in einer Prager Turnhalle in Höhe unserer Gesichter aufgestellt, faken war also sinnlos. Ich musste aufpassen, die schlagende Hand so zu halten, dass sie nicht zu weich wirkte, aber auch nicht zu straff, und dass sie Wagner genau zwischen Jochbein und Kieferknochen traf. Bei einem so ausgeführten Schlag zwiebelt die Haut zwar ein wenig, aber der Schmerz ist nicht allzu schlimm. Aus verschiedenen Gründen mussten wir diese Einstellung aber mehrfach wiederholen, sodass es mit der Zeit über die Grenze dessen hinausging, dass es nur zwiebelte. Langsam wurde mir mulmig zumute, als ich in meiner SA-Uniform diesem zarten, wunderbaren alten Schauspieler immer wieder ins Gesicht pfeffern musste. Von Schlag zu Schlag fiel es mir schwerer, dies zu tun.

Schließlich sagte ich: «Axel, es tut mir leid.»

Er: «Hallo, wir arbeiten.»

Ich: «Ja, ich weiß, aber ich donner dir immer wieder eins in die Visage.»

Er: «Los, hau zu! Wir müssen fertig werden.»

Von mir selbst wusste ich, wie viel ich einstecken konnte, aber dies bei einem anderen Menschen zu beurteilen, der noch dazu nicht meine Körperlichkeit hatte, fiel mir schwer. Ständig musste ich daran denken: Hält er das aus? Wird er jemals wieder vor eine Kamera treten? Bin ich für seinen nächsten klinischen Tod verantwortlich?

Der schon oft ins Spiel gebrachte Kampfsport half mir übrigens auch bei der Körperlichkeit. Über acht Jahre habe ich Judo und Taekwondo trainiert. Dabei lernte ich, stabil dazustehen (man kippt nicht sofort um, wenn jemand einen antippt), war wendig und gelenkig. Ich lernte hinzufallen, ohne mir wehzutun, und man stürzt auch anders, wenn man weiß, dass man hinterher wieder aufstehen kann. Fallen ist beim Kampfsport keine Niederlage, es bedeutet nicht das Ende.

Casting

Für Schauspieler beim Film werden vier Instanzen wichtig: Produktion, Redaktion, Caster und Regisseur. Die Produktion ist eine Firma, die den Film kalkuliert, für die Finanzierung sorgt und ihn in seinem gesamten Ablauf organisiert. Wird er – was häufig der Fall ist – mit Fernsehgeldern cofinanziert, so ist die Redaktion jene Abteilung innerhalb eines Senders, deren Leute den Stoff gedanklich vorbereiten und bearbeiten. Der Regisseur, der künstlerische Kopf der gesamten Veranstaltung, spricht sich meist mit dem Produzenten und dem Redakteur ab, etwa, welche Schauspieler für die Hauptrollen in Frage kommen.

Schlägt der Produzent jemanden vor, kann es sein, dass der Regisseur sagt: «Den kann ich mir überhaupt nicht vorstellen. Ich weiß, warum du ihn gut findest, aber meiner Meinung nach wäre er für diese Rolle unpassend gewählt. Mir ist er zu flippig für den Part. Seine Ausstrahlung hat so was sehr Modernes, Städtisches, was ich aber für den Film nicht brauchen kann. Außerdem hat er ein Alkoholproblem. Lass uns über jemand anders nachdenken.»

Daraufhin sagt vielleicht der Redakteur: «Da fällt mir jemand ein vom Schauspielhaus Bochum.»

Es kann aber auch sein, dass alle drei die Idee haben, sich an eine Casting-Agentur zu wenden. Die haben sich Zigtausende von Schauspielern angeschaut, sind immerzu auf der Suche nach jungen Talenten und verfügen über ein entsprechendes Archiv. Fragt man sie nach einem Darsteller, um diese oder jene Rolle geeignet zu besetzen, haben sie mitunter einen Vorschlag parat, noch bevor sie ihre Karteikästen durchforstet haben.

Ein japanischer Künstler soll für einen Fürsten ein Bild malen, und zwar den heiligen Berg Fujiyama: Für diesen Auftrag erhält er eine große Geldsumme. In Anwesenheit des Herrschers vollendet der Künstler mit wenigen Pinselstrichen in Sekundenschnelle das Bild. Der Fürst ist empört, für so wenig Arbeit so viel Geld bezahlt zu haben, und fordert sein Geld zurück.

«Nein, nein», sprach der Maler, «ich habe fünfzig Jahre gebraucht, um dieses Bild so malen zu können.»

Aufs Casting übertragen heißt das: Um mal eben ganz kurz und wie nebenbei einen Schauspieler nennen zu können, der möglicherweise optimal für eine bestimmte Rolle passt, sind tiefe Menschenkenntnis, großes Können und sehr viel Erfahrung Voraussetzung.

Manchmal müssen Rollen besetzt werden, für die sich in Deutschland kein Schauspieler findet, etwa: sehr jung, mit akrobatischen Fähigkeiten, muss reiten können. Bei solchen Anforderungen – zugegebenermaßen ein Extremfall – suchen Casting-Leute verschiedene Zirkusse auf, auch im Ausland. Fehlende Deutschkenntnisse sind bei dieser Rollenbeschreibung das geringste Hindernis.

Die Casting-Agenten sind auch darüber informiert, ob ein Schauspieler gerade beschäftigt oder ohne Engagement ist, ob sich sein Gewicht verändert hat, ob er kürzlich beim Friseur war und sich die Haare hat abschneiden und/oder färben lassen. Als ich mir im letzten Jahr mal wieder eine Glatze rasieren ließ, ist das bestimmt in diversen Karteien vermerkt worden.

Ich selbst habe in meiner beruflichen Laufbahn nur wenige Castings absolviert, jedenfalls kann ich mich nur an drei erinnern. Für *Rote Erde* empfahl mich Ann Dorthe Braker.

Bei einem Casting spielt man eine Szene aus dem Film vor, oft in Anwesenheit des Regisseurs, manchmal aber auch ohne ihn. Die Szene wird auf Video aufgenommen, sodass die Verantwortlichen sich die Probeaufnahmen hinterher anschauen und danach die Wahl treffen können – für eine Rolle werden oft mehrere Personen vorgeschlagen, die alle eine identische Aufgabe erfüllen müssen.

Das Casting für *Rote Erde* fand in einem Seminarraum des

Düsseldorfer Flughafens statt. Es ging um die Besetzung einer der Hauptrollen, und dafür musste ich eine angeregte Szene mit einer attraktiven Frau vorführen, die langes, dunkles Haar hatte – es war Ulrike Folkerts. Da mich aber das Theater für die umfangreichen Dreharbeiten, insgesamt hätte ich fünfundvierzig Drehtage gehabt, über einen Zeitraum von mehreren Monaten, nicht freistellen wollte, übernahm ich später jene kleine Rolle des SA-Mannes.

Das zweite Casting war für einen Film von Detlev Buck, möglicherweise für das Roadmovie *Wir können auch anders* aus dem Jahr 1993, ganz genau weiß ich es nicht mehr. Bei der Probe in der Düsseldorfer Kunstakademie hatte ich eine Partnerin, die bei dem Film nicht mitwirken sollte. Sie stand nur zum Anspielen bereit, immerhin, daran erinnere ich mich noch. Ich versuchte, charmant zu sein, aufmerksam und witzig. Nachdem die Aufnahmen abgedreht waren, sagte Detlev Buck zu mir: «Ich finde ja nicht schlecht, was du machst. Aber du hattest in der Rolle so was Altes, Verzweifeltes, und das passt da eigentlich nicht richtig.» Es war klar, dass ich die Rolle nicht bekam. Aber ich hab so'n Gefühl, das ich irgendwann mal noch in einen von Bucks Filmen passen werde.

Das letzte Casting war für *Der bewegte Mann*. Mit Sönke Wortmann hatte ich bereits gedreht, und nun wollte mein Freund Sönke doch tatsächlich seinen Freund Armin casten. Ich verstand die Welt nicht mehr. Ich war beleidigt bis auf die Knochen, so beleidigt, dass ich vor Kränkung abwechselnd tobte und heulte.

Meine Frau hörte mich die halbe Nacht immer wieder tröten: «Ich fahre nicht zu diesem Scheiß-Casting! Sönke kann mich mal am Arsch lecken, der soll die Rolle sonst wen spielen lassen. Mich, verstehst du, mich, seinen Freund, will er casten! Wir haben schon miteinander gedreht. Er weiß, was ich kann. Ich war sein Bierchen. Will er mich demütigen, oder was soll die Nummer?»

Sie ließ mich toben, legte mir am Morgen eine Lederjacke und eine schwarze Lederhose hin, meinte noch, ich solle das Ganze amerikanisch betrachten, womit sie professionell meinte, und als Ergebnis dieser langen Nacht zwängte ich mich in eine ihrer Lederhosen – damals ging das noch –, zog die Lederjacke an, malte mir einen Kajalstrich unter die Augen und stieg in Bochum in den Zug nach Düsseldorf.

Das Casting fand nicht aus fragwürdigen Motiven statt, sondern deswegen, weil Sönke sehen wollte, wie wer zu wem wie passt in der Geschichte.

Über Bierchen wird heute geredet, als wäre es eine Hauptrolle, dabei hatte ich insgesamt nicht mehr als vier Drehtage. Und noch einmal, es gibt keine großen und kleinen Rollen, nur gute und schlechte. Bierchen ist ein Hard-Rock-Fan mit langen Haaren und Schnauzbart, der einen Camaro mit Kettenlenkrad und fellbezogenen Sitzen fährt, beim Autofahren jede Menge Dosenbier trinkt und die Dosen mit den Zähnen öffnet. Bierchen ist sein Kampfname, eigentlich heißt er Ulf. Er nimmt drei Anhalter mit, die durch die Republik fahren, um in verschiedenen Städten Schauspielaufnahmeprüfungen abzulegen. Genau mein Thema. Auch der lederversessene Metzger Horst in *Der bewegte Mann*, der mit seinem Schwulsein nicht wirklich glücklich ist, war, gemessen an der Zeit, die ich auf der Leinwand zu sehen war, und der Anzahl der Sätze, die ich zu sprechen hatte, eher eine kleine Rolle. Da gibt es die legendäre Badewannenszene, in der ich splitterfasernackt mit Elke stierhaften Sex habe. Wir benötigten einen ganzen Nachmittag Drehzeit, weil die Kollegin ihren Slip nicht ausziehen mochte. Was bedeutete, dass wir bergeweise Schaum in der

Wanne produzierten, damit später niemand sah, dass sie nicht vollkommen nackt war. Doch unter den heißen Scheinwerfern schrumpften die Schaumgebirge so schnell zusammen, dass ständig neue Flüssigkeit nachgefüllt werden musste. Dadurch war das Wasser derart glitschig und seifig geworden, dass ich, als powergedopter Bulle, meine Kollegin kaum noch zu packen bekam. Wie ein Aal entflutschte sie mir immer wieder. Zum Schluss musste sie doch ihr letztes Kleidungsstück ausziehen, weil es einfach zu riskant war: Durch den Schaum konnte der Stoff durchblitzen. Für den fertigen Filmschnitt wurde eine Einstellung gewählt, bei der von ihr kaum noch etwas zu sehen war, weil ich auf ihr lag. Sönke Wortmann fand es lustiger, mich mit Stiernacken und nacktem Arsch, der sich durch den Schaum auf und ab bewegte, zu zeigen. Ich fand es so rum auch am witzigsten. Von dieser Szene wird immer erzählt, als würde sie die Hälfte des Films einnehmen, dabei dauerte sie vielleicht zweieinhalb Sekunden.

Niemals wird man als Schauspieler vollständig ergründen, warum einem Zuschauer eine Szene in Erinnerung bleibt und eine andere nicht, obwohl man dachte, genau diese müsste den Leuten die Schuhe ausziehen. Dabei hat es nicht mal für die Strümpfe gereicht. Dann wieder gibt es beim Drehen Momente, über die alle hinweggegangen sind, die jedoch beim Publikum einen starken Eindruck hinterlassen haben.

Aber das betrifft nicht nur Szenen, sondern ganze Filme. Man kann sehr viel richtig machen, man kann sogar alles richtig machen, ein tolles Drehbuch haben, die besten Schauspieler, exzellente Kostümbildner, hervorragendes Licht, ausgezeichnete Tonleute, Cutter und eine intensive Werbung – und trotzdem floppt der Film. Keine gute Fee kam vorbei, die ein bisschen Goldstaub verteilte.

Bei *Bluthochzeit* zum Beispiel stimmte alles, dennoch fehlte am Ende der Kuss der guten Fee an der Kinokasse. Keiner weiß warum, obwohl wir während der Dreharbeiten permanent diese *magic moments* hatten. Für den einen lag es am Plakat, manche meinten, der Film sei zum falschen Zeitpunkt gestartet, die Nächsten waren davon überzeugt, wir hätten einen anderen Titel wählen, wieder andere waren überzeugt, er hätte inhaltlich brutaler sein müssen oder viel weniger brutal, viel witziger oder weniger witzig. Aber ich hörte, er macht als DVD und Blue-ray-Disc seinen Weg.

Jedem Film, in dem ich mitspiele, wünsche ich den allergrößten Erfolg. Trotzdem: Wenn alles hundertprozentig berechenbar wäre, wär's mir doch nicht recht. Ein Teil des Zaubers ginge dadurch verloren. Das ständige Risiko ist ein zusätzlicher Kick. Wenn man einen Menschen in all seine Einzelteile zerlegt, bis in die kleinsten Zellpartikel, so weiß man dennoch nicht, was ihn letztlich ausmacht. Er ist auf jeden Fall mehr als die Summe seiner Einzelteile – und so ist es auch beim Film.

Auch dabei entstehen magische Momente, die nichts mit dem Schauspieler zu tun haben, aber glücklicherweise auf seinem Konto gutgeschrieben werden.

Der Regisseur gibt die Anweisung: «Stell dich mal ans Fenster und sieh hinaus.»

Der Schauspieler fragt: «Was soll ich dabei denken und fühlen, was willst du da bei mir im Blick sehen?»

«Gar nichts. Schau nur raus.»

So eine Einstellung kann im Nachhinein vom Zuschauer als grandioser Moment empfunden werden, von großer, abgrundtiefer Traurigkeit. Das ist abhängig davon, welche Musik der Regisseur unter diese Einstellung legt, wie er diese Szene in den Gesamtablauf des Films montiert, welches Licht

1988: als intellektueller Landstreicher Norbert in *Der Campus*

er auf das Gesicht des Schauspielers setzen lässt. In der Ruhe liegt hier die Kraft. Ich blicke einfach zum Fenster hinaus und denke vielleicht: Mist, verdammter, habe ich den Schlüssel zu Hause liegen lassen? Ah, okay, ich habe ihn dabei, ich spüre ihn in der Hosentasche. Gerade beim Film ist es schwer, im Alleingang gut und überzeugend zu sein. Viel mehr als beim Theater ist man vom gesamten Team abhängig.

Schauspieler sagen untereinander: «Kleine Rollen gibt es nicht, bloß kleine Schauspieler.» Das heißt: Jede Rolle ist nur so klein, wie der Schauspieler sie macht. Dabei weiß jeder von uns, wie elend schwer es ist, «kleine» Rollen zu spielen. Besonders beim Film. Alle kennen sich, weil sie seit Wochen, Monaten oder im Fall von *Nachtschicht* seit Jahren schon miteinander drehen. Dabei sind Witze entstanden und eine Verständigungsebene, die sich dem Neuankömmling nicht so ohne weiteres erschließen. Er wird Äußerungen auf sich beziehen, die ihn gar nicht meinten, gutmütige Scherze als Kränkungen begreifen, und er wird die Lässigkeit der «alten Sethasen» erst mal nicht erreichen, außer er hat ungewöhnlich gute Nerven.

Dann fällt die erste Klappe, es bricht diese weiß dröhnende Stille aus, und in die hinein muss der «Gast» jetzt zeigen, was er draufhat. Das ist grauenhaft schwer, und es soll Regisseure geben, die so jemanden vor versammelter Mannschaft zusammenfalten, wenn nicht gleich beim ersten Take alles sitzt. Niemand wird dadurch besser, dass man ihn zusammenstaucht. Ein Schauspieler schon gar nicht.

Kleiner Satz und Autounfall

In einer Szene aus der Reihe *Nachtschicht* wurde ein Mann auf einer vierspurigen Straße angefahren. Alles fand in Hamburg in der Nähe des Fernsehturms statt, der Morgen dämmerte bereits. Der Unfallwagen war schon zur Stelle, ich kam mit dem Dienstwagen mit aufgepflanztem Blaulicht auf der mehrspurigen Gegenfahrbahn angerast. Nachdem ich mich als Kommissar vorgestellt hatte, verhörte ich den Unfallfahrer: «Haben Sie etwas getrunken? Zeigen Sie mir mal Ihre Papiere.»

Der Unfallfahrer sollte darauf mit nur einem einzigen Satz antworten. Aber wie äußert sich jemand, der gerade einen Menschen überfahren hat?

Mein Kollege verzierte den Satz nicht mit falscher Dramatik, er heulte nicht, zitterte nicht mit der Unterlippe, sondern war schlicht fassungslos. Er antwortete einfach nur auf meine Frage. Das war eine Leistung.

Nach Drehschluss ging ich zu ihm hin und sagte: «Fand ich grandios, wie du das gemacht hast.» Im ersten Moment dachte er, der sonst große Rollen am Theater spielt, ich wollte ihn verarschen, aber dann verstand er, was ich meinte.

Einen kleinen Satz in einer glaubhaften Bescheidenheit zu spielen, ist das Größte, was man mit einer solchen Rolle erreichen kann. Denn wenn dieser Schauspieler die Worte nicht gemäß seiner Rollenfunktion gesprochen hätte, dann hätte die gesamte Szene an Glaubwürdigkeit verloren. Ursprünglich sollte diese in vierzehn Einstellungen gedreht werden. Der Kameramann The Chow Ngo löste sie mit Lars Becker aber so auf, dass am Ende nur eine einzige lange Einstellung im Kasten war. Notwendig war das geworden, weil der Himmel schon hell wurde, die Szene aber in der Nacht spielen sollte – und die Zeit reichte nicht mehr, um alle geplanten Einstellungen zu machen. Am Ende sah es aus wie ganz großes Kino – auch dank des Schauspielers, der den Unfallfahrer darstellte.

Kapitel 14

TRAINING FÜR DAS PRIVATLEBEN

1976: kurz vor meinem Flug in die USA

Wenn ich mich morgens im Spiegel betrachte, dann ist mein Äußeres schon lange nichts mehr, über das ich mir allzu große Gedanken mache – im Gegensatz zu Schauspielerinnen, die neben ihren Fähigkeiten viel stärker als Männer über ihr Aussehen definiert werden. Natürlich sollte ich nicht in desolater Verfassung, mit verquollenem Gesicht und dicken roten Augen zum Set kommen, sodass man sich ratlos fragt: «Was ist denn mit dem los?», aber eine Falte mehr oder weniger hat bei mir Gott sei Dank keinerlei Bedeutung.

Bei Frauen kann man zwar mit Schminke, Licht und Weichzeichnern eine Menge tricksen, aber ich finde es jedes Mal unfair, wenn man sie – gerade wenn gutes Aussehen zur Rolle gehört – einen ganzen Drehtag über warten lässt, bis sie ihre Großaufnahme haben, nämlich dann, wenn der Puder schon in den Poren zu bröckeln beginnt, außer diese Wirkung ist gewünscht.

Es kann nicht schaden, sollte man sich für den Schauspielerberuf entscheiden, eine robuste Gesundheit zu haben und sich fit zu halten. Es hat mich nachhaltig beeindruckt, als ich sah, wie Götz George jeden Morgen auf seinem Rennrad zu den Dreharbeiten von *Rossini* erschien. Ich war davon ausgegangen, dass er sich mit einer Limousine abholen lassen würde. Ich natürlich, stolz wie Oskar, war immer mit der schwarzlackierten Viertürigen unterwegs.

Zum Glück habe ich eine gute Konstitution und verkrafte die ständigen Ortswechsel sowie die damit verbundenen Reisen und unregelmäßigen Arbeitszeiten, ohne psychisch oder körperlich krank zu werden. Im Gegensatz zu vielen Menschen brauche ich keinen bestimmten Rhythmus, muss nicht jeden Tag zur selben Zeit mein Mittagessen einnehmen oder schlafen gehen. Besonders praktisch ist, dass ich tagelang mit sehr wenig Schlaf auskommen kann. Aber ich nutze jede sich bietende Gelegenheit aus, um ihn nachzuholen, notfalls im Stehen.

«Stört es euch, wenn ich hier auf dem Sofa liege?», frage ich beispielsweise die Männer, die nach einem Szenenwechsel das Licht neu setzen.

«Wenn es dich nicht stört, dass wir hier die Scheinwerfer aufbauen?»

«Nein, ich bin mit mehreren Geschwistern groß geworden, ich schlafe am besten, wenn um mich herum ein bisschen was passiert.»

Schreibtische registriere ich sofort. Egal ob auf oder unter ihnen – sie sind ideale Ruheplätze, wenn die Drehtage besonders lang sind. Warum ich dann nicht meinen Wohnwagen aufsuche? Weil mich der Aufenthalt in einem Wohnwagen aus mir unbekannten Gründen meistens deprimiert.

Dennoch habe ich auch schon Dreharbeiten gehabt, bei denen ich wegen einer schweren Grippe so mit Antibiotika und schmerzstillenden Mitteln vollgepumpt war, dass mich zwei Leute am Hosengürtel festhalten mussten, damit ich nicht umfiel. Mit der Folge, dass ich nur vom Nabel aufwärts gefilmt werden konnte. Schwierig wird es auch, wenn durch eine Erkältung die Stimme angeschlagen ist. Eine leichtere Infektion kann man mit einer trainierten Stimme noch überbrücken, indem man die Kraft runterfährt und sich stattdessen auf Genauigkeit konzentriert. So seltsam es ist: Kranke Schauspieler spielen oft ihre besten Vorstellungen.

Es gibt viele Gründe, ein bekannter Schauspieler zu werden: Es ist einfacher, eine nächste gute Rolle und erstklassige Partner zu bekommen, eine höhere Gage zu erhalten, es schmeichelt der Eitelkeit und stärkt das Selbstbewusstsein. Bekannt zu sein bedeutet aber auch, Interviews geben zu müssen.

Ich erinnere mich an die Pressetermine, die stattfanden, noch bevor der Film *Rossini* fertig war und in den Kinos anlaufen sollte. Götz George hatte Pressetermine, Gudrun Landgrebe ebenfalls und natürlich auch Heiner Lauterbach und Mario Adorf. Von mir dagegen wollten die Journalisten nicht viel, und ich war neidisch auf die anderen. Zu diesem Zeitpunkt wusste ich allerdings nicht, wie anstrengend und belastend es sein kann, Interviews zu führen, während man noch an der Rolle arbeitet. Aber damals wollte ich auch von Journalisten gefragt werden, von einer Menge von Journalisten.

Als ich mehr und mehr Pressetermine in meinem Kalender notieren konnte, genoss ich es, über die Dinge des Lebens und den Lauf der Welt im Großen und Ganzen gutgebaute Ansichten von mir zu geben. Sie konfrontierten mich mit Fragen – «Was bedeutet Hoffnung für Sie?», «Glauben Sie an Gott?», «Halten Sie sich für mutig?» –, über die ich mir noch nicht so wahnsinnig viele Gedanken gemacht hatte, und mir fällt bis heute auf, dass ich in vielen Belangen längst keine so fundierte Ansicht habe, wie ich beim allgemeinen Nachdenken gerne annehme.

Es gibt so ziemlich nichts, wonach die Journalisten mich bislang noch nicht gefragt hätten. Wobei ich mir inzwischen auch die Freiheit nehme, bestimmte Fragen nicht zu beantworten. Mein Eheleben ist mein Eheleben und nicht mein Berufsleben. Aber die Leute dürfen wissen, dass ich verheiratet bin, auch dass ich glücklich verheiratet bin. Auf welche Art und Weise ich wiederum glücklich bin, ist meine persönliche Angelegenheit. Aber in der Regel sind Interviews mit klugen Journalisten eine Chance der Selbsterweiterung. Dumme Journalisten – die es natürlich auch gibt – sind wie Dummheit generell eine Zumutung.

Als Schauspieler kann ich mich nicht intensiv um Freunde und Beziehungen kümmern, das wäre so, als wünschte man sich, Mönch zu sein und gleichzeitig ein bewegtes Familienleben zu haben. Das hängt auch damit zusammen, dass ein Schauspieler keinen Feierabend hat. Man kann nicht abends nach Hause gehen, was allein durch Theaterengagements in anderen Städten oder an verschiedensten Drehorten nicht möglich ist, und sagen: «So, jetzt bin ich mit der Arbeit fertig.»

Die Rolle, die ich gerade spiele, arbeitet stets in mir weiter. So wie Schwangere auf einmal überall Schwangere sehen oder Leute mit gebrochenem Arm unzählige andere Menschen mit einem Gipsverband, so nimmt der Schauspieler ähnlich selektiv wahr: Je nach Ausrichtung der Rolle sieht er überall nur noch Mörder, Chirurgen, Banker oder Heiratsschwindler. Es ist ihm kaum möglich, während der Dreharbeiten zu sagen: «Jetzt bin ich kein Schauspieler mehr, ich hab Feierabend.»

Das bedeutet nicht, dass ich auch in meinem privaten Umfeld spiele. Es wäre mir viel zu anstrengend. In meinen vier Wänden spiele ich überhaupt nicht, ich schweige einfach gerne. Oder wenn ich ins wilde Erzählen und Gestikulieren komme, setze ich mein «Spiel» bewusst in Anführungszeichen, sodass es als solches erkennbar ist. Ich weiß immer, wer ich bin und wie ich heiße. Dennoch: Als Schauspieler bin ich viel häufiger jemand anderes als ich selbst. Im puren Ichselbst-Sein habe ich viel weniger Übung als in der Ausgestaltung von Rollen. Aus diesem Grund bin ich auch während der Arbeit fast entspannter als im Privatleben. Am Set fühle ich mich wie ein Fisch im Wasser, da kenne ich mich aus. Im Privatleben dagegen habe ich einfach nicht so viel Training. Denn wenn ich es proportional betrachte, bin ich zu fünfzehn Prozent als Privatmensch unterwegs, der Rest ist Arbeit.

Wenn ich wieder zu Hause bin, brauche ich zwar ein paar Tage, um den Tunnelblick abzulegen, aber ich kann mich dem üblichen Leben stellen: Es klingelt der Postbote, das Telefon, Freunde kommen vorbei, mein Schwager fragt mich, ob er kurz mal an meinen Computer darf, und eine Freundin will wissen, wie man BFFS-Mitglied wird. Ich würde die vielen Dreharbeiten nicht so gut überstehen, wenn ich nicht diese Insel hätte, unser Haus in Bochum, ein Gegengewicht zu den Welten, in denen ich mich sonst aufhalte.

Der Country-Sänger Willie Nelson lebt zum Beispiel in einem Wohnmobil, obwohl er genügend Geld hat, um sich halb Texas zu kaufen. Aber er fühlt sich in dieser Enge wohl – ich dagegen würde einen Knall bekommen. Ich träume von zu Hause wie andere Leute von der Karibik.

Um noch mal auf das Thema Berühmtsein zurückzukommen: Manche Menschen wollen Schauspieler werden, um einen gewissen Bekanntheitsgrad zu erlangen. Mit anderen Worten: Sie haben den Wunsch, als Star durch die Welt zu laufen. Nur sehr wenige Schauspieler haben es geschafft, einen derartigen Status zu erreichen. Da reicht es aus, wenn der Name Will Smith, Brad Pitt, George Clooney oder Julia Roberts auf dem Plakat steht, und schon gehen die Leute ins Kino, weil sie wissen, es erwartet sie ein spannender, unterhaltsamer Film, den sie am Ende auch tatsächlich gern gesehen haben. Und selbst wenn der ganze Film dann mal nicht so toll ist, macht es immer noch Vergnügen, den vieren zuzusehen. Und nicht zu vergessen: Die meisten Menschen kennen ihren Bäcker besser als irgendeinen Schauspieler. Die wenigsten Schauspieler sind bekannt, geschweige denn berühmt.

Davon abgesehen: Ein Star wird man niemals im Alleingang. Was heißt, einen König erkennt man hauptsächlich daran, wie die anderen mit ihm umgehen. Ich kann aussehen wie ein König, reden wie ein König und gucken wie ein König – wenn mich alle behandeln wie Jupp vonner Rennbahn, bin ich kein König, und wenn ich mich auf den Kopf stell dafür.

«Den König spielen die anderen», heißt es am Theater. Für einen «Starauftritt» muss im Vorhinein eine Menge geregelt und organisiert werden, damit alle Anwesenden den «Star» von der ersten Sekunde seines Erscheinens an als solchen identifizieren können. Er sollte daher nicht zu Fuß, auf dem Fahrrad oder im Taxi ankommen und sich dann auch noch hinter den Fans und Autogrammjägern durch den Seiteneingang reinschleichen. Natürlich könnte es sich Brad Pitt oder der Papst erlauben, auf einer chromblitzenden Harley-Davidson an den roten Teppich zu rollen, dem nächsten Security-Mann zuzurufen: «Pass mal auf mein Moped auf» und dann ins Kino zu schlendern. Es gibt aber Boulevardjournalisten, die auch den Papst und Brad Pitt nicht erkennen würden, wenn sie nicht angekündigt aus einer schwarz glänzenden Limousine steigen, und es gibt Security-Männer, die auch den Papst nicht reinlassen, wenn er keinen gültigen Personalausweis mit Lichtbild plus Einladung vorlegen kann.

Um sicherzugehen beim Gang über den roten Teppich, dass einen Reporter und Fernsehkameras gebührend beachten, sollte man also aus einer Limousine aussteigen. Aber das allein reicht noch nicht, der Chauffeur einer solchen muss auch die Vorfahrtsberechtigung vorweisen können, denn nicht jeder schwarze und blankpolierte Wagen wird einfach vorgelassen. Demnach braucht es einen Stab von Leuten, die hinter den strahlenden Kulissen dafür sorgen, dass alles nach diesen «Star»-Regeln funktioniert.

Reich und berühmt zu sein, war für mich nie die vorrangige Motivation, um Schauspieler zu werden, und die wenigsten Schauspieler sind tatsächlich reich und berühmt. Fußballer und Popmusiker haben da mehr Chancen.

Sollte dennoch der seltene Fall eintreten, dass man als Schauspieler durch eine bestimmte Rolle mehr oder weniger «bekannt» wird – oder, wie in meinem Fall, eher durch kontinuierliche Arbeit –, macht man die Erfahrung, dass man durch nichts auf das Bekanntwerden vorbereitet ist. Auf der Schauspielschule bringt einem jedenfalls keiner bei, wie man damit umgeht. Es gibt dort keine «Starkunde».

Ich habe festgestellt, dass das Bedürfnis, bekannt zu sein, in dem Maße abnimmt, in dem man bekannt wird. Inzwischen bin ich froh, wenn ich etwa bei Dreharbeiten oder Urlaub außerhalb von Deutschland völlig unerkannt herumlaufen kann und dort so freundlich oder unfreundlich behandelt werde wie jeder andere auch.

Die sechs vor der Null

Ich bin jetzt vierundfünfzig, und das bedeutet, der nächste runde Geburtstag hat die Sechs vor der Null. Ich kann's nicht fassen. Gestern noch war ich auf der Schauspielschule, und auf einmal frage ich mich: Wieso spielt Alexander Scheer diese Rolle und nicht ich? Und dann fällt mir ein, dass Alexander Scheer nur halb so alt ist wie ich, könnte durchaus was damit zu tun haben. Und ich, der doch noch vor kurzem zu den jungen Wilden zählte, bekomme nun bei Dreharbeiten jemanden an die Seite gestellt, den ich für fast gleichaltrig gehalten hatte, und der soll nun meinen Sohn spielen. Seh ich etwa so alt aus? Verdammt! Wer hat mein Zeitkonto so schamlos geplündert? In *Das siebente Siegel* von Ingmar Bergman gibt es eine Szene, in welcher der Tod an dem Baum sägt, auf dem der Theaterdirektor bibbernd sitzt und versucht, mit dem Tod zu verhandeln.

«Machst du denn gar keine Ausnahmen?», fragt er.

«Nein», sagt der Tod.

Darauf der Theaterdirektor: «Auch nicht für Schauspieler?» Tja, warum gefällt mir diese Szene so gut?

Zum Glück lebt mein Vater noch, aber durch den Tod meiner Mutter befinde ich mich auf einmal selbst in der ersten Reihe. Die Barriere, die bis zu diesem Zeitpunkt vor mir und dem Abschied aus der Welt gestanden hat, ist zur Hälfte weg. Dadurch, dass meine Mutter nicht mehr da ist, hat der Tod eine breitere Toreinfahrt zu mir. Ich weiß, dass ich als Nächster dran bin.

Auch wenn ich nicht so ganz an Statistiken glaube, habe ich ihnen zufolge schon circa zwei Drittel meines Lebens verzehrt. Und diese zwei Drittel gingen irrsinnig schnell vorbei. Es bleibt mir also nur noch ein Drittel für all das, was ich noch vorhabe, was ich noch gern machen und spielen möchte. Ziemlich wenig. Aber wer weiß, vielleicht werde ich ja siebenundneunzig.

Mit dem Älterwerden verbindet sich auch die Angst, eines Morgens aufzuwachen und einfach nicht mehr zu wissen, wie mein Beruf funktioniert. Wie spielt man eigentlich? Musiker kennen diese Angst, wenn sie daran denken, ihre Finger nicht mehr auf den Tasten, Saiten oder Klappen bewegen zu können. Dabei hat ein Musiker immerhin noch ein Instrument und damit etwas sehr Konkretes in der Hand, während der Schauspieler selbst das Instrument ist.

Wird einmal der Tag kommen, an dem ich nicht mehr verstehe, was ein Regisseur von mir will? Oder werde ich immer verbohrter und entwickle Altersstarrsinn, nach dem Motto: «Ich weiß doch, wie es geht, ihr müsst mir nichts erzählen»? Hinter dieser Angst steht gleich die nächste an, dass irgendwann die Gesundheit nicht mehr mitmacht oder die Kraft nachlässt.

Ich möchte so lange wie möglich in meinem Beruf arbeiten. So lange wie der ein oder andere holländische Operettentenor allerdings nicht. Es wäre mir peinlich, wenn mein Publikum irgendwann mal denkt: Hoffentlich überlebt er noch die nächste halbe Stunde. Der Schauspieler, der meint, unbedingt den Bühnentod sterben zu wollen, ist eine Zumutung, und die entsprechende Schlagzeile halte ich durchaus für verzichtbar. So unersetzlich sind wir alle nicht.

Schauspieler werden heute nicht mehr als Zwischenexistenzen angesehen. Früher hieß es noch, wenn eine Schauspielertruppe eine Ortschaft betrat: «Holt die Wäsche von der Leine!» Wobei manche Truppen tatsächlich nur als Banden von Taschendieben und Huren unterwegs waren und das Schauspiel als Vorwand nahmen, um in die Stadt eingelassen zu werden. Aus diesem Grund haben die Stadtbewohner sie bei ihrem Tod außerhalb der Mauern in ungeweihter Erde verscharrt.

Wenn Sie jetzt gerade den Eindruck gewinnen sollten, mein Beruf sei ein einziger Leidensweg, dann hab ich mich irgendwie falsch ausgedrückt.

Er ist das Richtigste, was mir widerfahren konnte. Ich liebe ihn ... ich brauche ihn. Das würde ich Ihnen gerne ausführlicher beschreiben, aber der Abgabetermin für dieses Buch sitzt mir im Nacken, und morgen früh fliege ich nach Wien, um bei Oskar Roehler Heinrich George zu sein...

Vielleicht, wenn wir uns wiedersehn...